はじめに

家にはどんな野菜がストックされていますか？

にんじん、トマト、キャベツ、じゃがいも、たまねぎ…。1年中お店に並んでいて、価格が手ごろな、おなじみの定番野菜たちが顔をそろえていると思います。

しかし、「安いから」「手元にないと不安だから」と、とりあえず買ってはみたものの、いつも同じ使い方をして、料理がマンネリ気味になっていませんか？　使いきれずに野菜をムダにしてしまうこともあるかもしれません。

そんな悩みは、この本で解消してください。

じゃがいも、たまねぎ、にんじん、だいこん、キャベツ、なす、きのこ、トマト

使い勝手や日もちを考えて、便利に使える野菜を8種類に厳選し、それぞれをとことん使いこなすレシピを作りました。

この本では煮ものや炒めものなどの主菜から、スープやサラダなどの副菜、アレンジもできる作りおきおかずまで、ひとつの野菜につき約18品、計150品掲載しています。

ひとつの野菜を多く使う「たっぷりおかず」と、残った野菜をムダなく使える「少量で作るおかず」に分けてレシピをご紹介しています。野菜の分量がひと目でわかる写真が各料理についているので、探すときの目印にしてください。

今日、作りたいレシピがきっと見つかるはず。どうぞ、この本をフル活用して、8種の頼れる野菜を、最後までムダなくおいしく、使いきってください！

8種の頼れる定番野菜

じゃがいも
ホクホクしたじゃがいもは子どもから大人まで大人気！ 定番料理が目白押しです

めきき
- 重量感がある
- 傷がなく、なめらか
- しなびていない
- 芽が出ていない
- 緑色の部分がない

たまねぎ
加熱すると、辛味は甘味に変わります。主役にも脇役にもなれる、料理の味を深める名優

めきき
- 重量感がある
- 傷がなく、ツヤがある
- かたくて、乾いている
- 先端がかたく、芽がのびていない
- 筋が多い（栄養がある）

キャベツ
生でも加熱しても食べられる、便利な葉ものの優等生。新鮮なうちに使いましょう

めきき
- ハリ、重量感がある
- 芯が500円玉より小さい
- 軸が5方向に、葉脈が左右対称にのびている
- 【冬キャベツ】平べったく、葉がしっかり巻いていて、重みがある
- 【春キャベツ】緑色が濃くて、巻きがゆるい

なす
油との相性は◎ですが、煮ても焼いても、生でもいけます。夏〜秋がおすすめです

めきき
- 濃い紫色
- ツヤとハリがある
- へたについたトゲがかたい
- へたの切り口がみずみずしい
- 下の部分がふくらみすぎていない

にんじん

明るいオレンジ色が、料理のアクセントになります。
日もちがして、栄養も満点！

めきき
- 全体が濃いオレンジ色（上部が緑色になっていない）
- 傷がなく、なめらかでハリがある
- 上から見たとき、芯が中心にあって太すぎない
- 先端が割れていない

だいこん

サラダでさわやかに、煮もので味わい深くと、
おいしさ七変化。部分別に味の特徴あり

めきき
- 太くて、重量感がある
- きめが細かく白い
- ツヤとハリがある
- 切り口がみずみずしい
- 葉があれば、鮮やかな緑色

きのこ

食感や香りなど種類別に特徴があります。
ミックス使いもおすすめ！ 低価格なのもうれしい

めきき
- 【しいたけ】乾いていて、軸が太く短い。かさの裏が白い
- 【まいたけ】肉厚で密集している
- 【えのきだけ】白くてハリがあり、みずみずしい
- 【しめじ】かさが小さくて、ハリがある
- 【マッシュルーム】かさにしまりがあり、傷がない
- 【エリンギ】かさのふちが巻きこみ、茎が白くてかたい

トマト

生はもちろん、加熱してもうま味がアップして美味。
和・洋・中・エスニック、何にでも合います

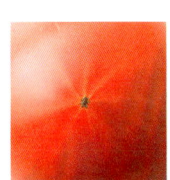

めきき
- 重量感がある
- つやとハリがある
- へたの切り口がみずみずしい
- 丸みがある（平べったいのは×）
- お尻に放射状のすじが入っている（うま味や甘味がある）

contents

02　8種の頼れる定番野菜

 ## じゃがいも

08　じゃがいもの基本

じゃがいもたっぷりおかず
10　じゃがいものファルシー
12　じゃがいもと豚肉の黒酢炒め煮
13　じゃがいものめんたいこ煮

じゃがいもたっぷりおかず〜種類別〜
14　えびの男爵ポテトグラタン
　　メークインのスープカレー
15　キタアカリでじゃがバター ローズマリー風味
　　新じゃがとひき肉の炒め煮

少量で作るおかず
16　じゃがいもとピーマンのピリ辛炒め
　　レンジDEジャーマンポテト
17　じゃがいものカナッペ 塩辛＆佃煮風味
　　マッシュポテト
　　じゃがいものじゃこぽん酢あえ

ポテサラ☆大研究
18　〈定番のポテトサラダとアレンジ〉
　　定番！ポテサラ
　　ポテサラミニコロッケ／ポテサラのり巻き
19　〈ポテサラバリエ〉
　　アボカドヨーグルトポテサラ／
　　イタリアンポテサラ／和風ポテサラ

 ## たまねぎ

20　たまねぎの基本

たまねぎたっぷりおかず
22　たまねぎとスペアリブのオーブン焼き
24　たまねぎと豚肉の甘酢あん
25　たまねぎバーグ

たまねぎたっぷりおかず〜縦・横切り〜
26　たまねぎと牛肉の煮もの
　　たまねぎの洋風炊きこみごはん
27　焼きざけのたまねぎソース
　　かつおのレアステーキ たまねぎのせ

少量で作るおかず
28　たまねぎと豚肉のかき揚げ
　　たまねぎとかきのチャウダー
29　新たまねぎのじゃこおかか
　　レンジたまねぎのオイスターソースあえ
　　たまねぎとツナの炒めもの

サラダに、あえものに！作りおき たまねぎレシピ２種
30　フライドオニオン
　　オニオングラタンスープ
31　たまねぎの酢じょうゆ漬け
　　たまねぎととり肉の酢じょうゆ煮

にんじん

- 32 にんじんの基本

  にんじんたっぷりおかず
- 34 にんじんといかの中華炒め
- 36 にんじんそぼろ弁当
- 37 にんじんと豚肉の煮もの

  にんじんたっぷりサラダ6種
- 38 にんじんのイタリアンサラダ
  にんじんのめんたいマヨあえサラダ
  にんじんのジャムサラダ
- 39 焼きにんじんサラダ
  にんじんの豆サラダ
  にんじんとわかめの黒酢サラダ

  少量で作るおかず
- 40 にんじんと切り干しだいこんのキムチあえ
  おろしにんじんのガレット
- 41 にんじんのクミンスープ
  にんじんとひじきのわさび風味
  にんじんの白和え

  にんじんのきんぴら大活用術
- 42 にんじんのきんぴら
  きんぴらトースト／きんぴらシリシリ
- 43 にんじんつくね／にんじんチャーハン／
  にんじんといんげんのスープ

だいこん

- 44 だいこんの基本

  だいこんたっぷりおかず
- 46 だいこんの沖縄風煮こみ
- 48 だいこんとさけの酒かす鍋
- 49 だいこんととり肉の炒め煮

  少量で作るおかず ～生でおいしく～
- 50 だいこんのカルパッチョ
  だいこんとオクラの冷しゃぶ
- 51 おろし納豆そば
  さばの甘酢おろし煮

  少量で作るおかず
- 52 だいこんの韓国風スープ
  だいこんの炊きこみごはん
- 53 モチモチ☆だいこんサンド
  だいこんの中華サラダ
  だいこんのとろろこんぶ漬け

  冷凍だいこんで時短Cooking！
- 54 冷凍だいこん
  冷凍だいこんのみそ汁／
  冷凍だいこんの甘酢漬け
  残っただいこんの皮できんぴら
- 55 冷凍だいこんといかの煮もの／
  冷凍だいこんのステーキ／
  冷凍だいこんのそぼろがけ

この本のきまり

- 計量の単位
  カップ1＝200㎖（㎖はccと同じ）
  大さじ1＝15㎖
  小さじ1＝5㎖
  米用カップ1＝180㎖
- 電子レンジ
  加熱時間は500Wのめやす。600Wなら、加熱時間を0.8倍にしてください。
- だし
  特にことわりがなければ、かつおだし。市販のだしの素を使う場合は、商品の表示を参考にして、水などでうすめてください。
- スープの素
  「固形スープの素」と「スープの素」は、ビーフ・チキンなどお好みで。「中華スープの素」は、チキンスープの素で代用可。
- フライパン
  フッ素樹脂加工のフライパンを使用。

contents

 キャベツ

56 キャベツの基本

**キャベツたっぷりおかず
〜葉を使って〜**

58 キャベツの生春巻き風
60 ホイコーロー
61 キャベツのねぎ塩だれ焼き

**キャベツたっぷりおかず
〜くし形切りを使って〜**

62 キャベツとあさりのワイン蒸し
　　キャベツと厚揚げのピリ辛煮
63 ちぎりキャベツの香味油がけ
　　キャベツと手羽先の塩スープ煮

少量で作るおかず

64 キャベツのクラブハウスサンド
　　キャベツのお好み焼き
65 マーマレードDEコールスロー
　　キャベツのカレー炒め
　　キャベツのしょうがじょうゆ漬け

**２日連続でも食べ飽きない
ロールキャベツ＆アレンジレシピ**

66 基本のロールキャベツ コンソメ味
67 トマト味／カレー味／和風味／
　　ロールキャベツグラタン／
　　ロールキャベツのリゾット風

 なす

68 なすの基本

**なすたっぷりおかず
〜ボリューム満点〜**

70 なすとたたきえびの揚げもの
72 なすのイタリアンソテー
　　和風マーボーなす
73 なすの豚肉巻き煮

**なすたっぷりおかず
〜さっぱり味〜**

74 なすの田舎煮
75 なすのビビンそうめん
　　グリル焼きなすとささみのぽん酢添え

少量で作るおかず

76 なすとししとうのみそ炒め
　　なすのディップ
77 なすのヨーグルトサラダ
　　なすピザ
　　なすのからしみそあえ

**夏に食べたい！
電子レンジで蒸しなす＆アレンジ**

78 電子レンジで作る蒸しなす
　　しょうがじょうゆだれ／マヨぽん酢だれ
79 蒸しなすの中華あえ／蒸しなすの梅マリネ／
　　蒸しなすと牛肉のエスニックサラダ

きのこ

 ## トマト

- 80 きのこの基本
  - **きのこたっぷりおかず ～2パック以上～**
- 82 きのこのイタリアンしゃぶしゃぶ
- 84 きのこの炊きこみごはん
- 85 きのこの春巻き
  - **きのこたっぷりおかず ～1パック使いきり～**
- 86 エリンギと牛肉のオイスターソース煮
- 87 生マッシュルームのサラダ
  しいたけとささみのレンジ蒸し
- 88 えの豚丼
  かじきのソテー しめじ和風ソース
- 89 まいたけととり肉の焼きびたし
  - **少量で作るおかず**
- 90 焼ききのこのレモンじょうゆ
  きのこのチーズクリームパスタ
- 91 きのこすいとん
  えのきと小松菜のレンジ煮びたし
  しめじのさっと炒めラー油風味
  - **きのこMIXでいろいろアレンジ**
- 92 きのこMIX
  きのこ冷や奴／きのこごはん／
  きのこドレッシング
- 93 レンジで厚揚げきのこあんかけ／
  きのこと豚肉の炒めもの

- 94 トマトの基本
  - **トマトたっぷりおかず ～イタリアン～**
- 96 カポナータ
- 98 トマトとたこのバジル炒め
- 99 生トマトのリゾット
  - **トマトたっぷりおかず ～和・中・アジアン～**
- 100 トマトと卵のやわらか炒め
  丸ごとトマトの煮びたし
- 101 トマトの梅煮
  トマトと牛肉のピリ辛炒め
  - **少量で作るおかず**
- 102 豚ヒレソテー フレッシュトマトソース
  トマトのジュレサラダ
- 103 トマトとチーズのおかかあえ
  トマトのエスニックスープ
  トマトのハーブソテー
  - **自家製トマトケチャップを作ろう**
- 104 自家製トマトケチャップ

いろいろな野菜が使える 残り野菜一掃レシピ

- 105 残り野菜の保存方法
- 106 〈残り野菜で「スープ」〉
  豚汁／とりだんごのスープ煮
- 107 〈残り野菜で「卵焼き」〉
  スパニッシュオムレツ／野菜スクランブルエッグ
- 108 〈残り野菜で「ナムル」〉
  いろいろナムル／ビビンバ弁当
- 109 〈残り野菜で「漬けもの」〉
  残り野菜のピクルス／
  ピクルス液でザワークラウト風サラダ
  手作り浅漬けの素／キャベツの浅漬け／
  だいこんとにんじんの浅漬け
- 110 野菜の切り方

じゃがいも

重さのめやす
1個＝約150g

男爵(だんしゃく)

旬
年中手に入りますが、旬は秋〜冬。早春〜春に出回る新じゃがいもは、皮が薄く、水分が多め。

種類
代表的な品種は「男爵」と「メークイン」。男爵はホクホクとしていてコロッケやサラダに、メークインは煮くずれしにくく、煮もの向き。「キタアカリ」は男爵よりほっくりしていますが、煮くずれしやすい。「新じゃがいも」（品種ではない）は皮がやわらかく、皮つきのまま使えます。マッシュポテトには向きません。

栄養
でんぷんが主な成分。ビタミンCやB$_1$も豊富です。ビタミンCは熱でこわれやすいものですが、じゃがいもは加熱すると、でんぷん質が糊化し、ビタミンの流出を抑えるため、こわれにくい。

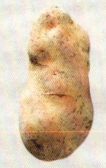  

メークイン　キタアカリ　新じゃがいも

point じゃがいもの調理＆保存のポイント

調理のポイント

● **泥をよく洗ってから使います。**
土がついているので、水でさっと洗うだけでは不充分。まな板にのせる前に、たわしでしっかりと洗いましょう。

● **芽に注意しましょう。**
芽や緑色になった部分は、ソラニンという有毒な成分が含まれています。芽は、包丁の刃元や皮むき器の芽とり部分でえぐりとり、緑色の部分は、皮を厚めにむきます。

● **アクがあるので、切ったら水にさらします。**
じゃがいもは皮をむいたり、切ったりすると、酸化して切り口が変色します。変色を防ぐため、切ったら1～2分水につけます。ただし、料理によっては水にさらさずに使う場合もあります。

● **ゆでるときは、水からゆでます。**
じゃがいもは、水からふたをしてゆでます。加える水の量は、切ってからゆでる場合、鍋に入れてじゃがいもの頭がかぶるくらいにします。じゃがバターなどの最後に水分をとばす料理の場合は、じゃがいもの頭が少し見えるくらい（ひたひた）にします。

保存のポイント

保存 ● **丸ごとは冷暗所で。**
じゃがいもは光に当たると芽が出やすく、表面は緑色に変色しやすくなります。新聞紙で包んだり、光を通さない袋（紙袋などの通気性のよいもの）に入れたりして冷暗所で保存します。切ったものはラップに包んで野菜室で保存します（早めに使いきる）。暑い時期はいたみやすいので、ポリ袋に入れ、野菜室へ。

冷凍 ● **マッシュポテトなら冷凍できます。**
（保存期間 約2週間）
生でも加熱しても、形があるものは冷凍すると食感が変わってしまうため、冷凍に向きません。冷凍するなら、ゆでてつぶし、マッシュポテト（P.17参照）にします。使うときは解凍します。

2個(300g)

じゃがいも
たっぷりおかず

じゃがいもを2個(300g)使います。定番の煮ものにしてもよし、焼いても香ばしくてよし。ホクホクのおいしさを堪能してください。

じゃがいものファルシー

 2個(300g)

ファルシーとはフランス語で「詰めもの」。くり抜いた中身も使うので、ムダになりません

材料（2人分）
じゃがいも…2個(300g)
A　カマンベールチーズ*…30g
　　アンチョビ…1枚(5g)
　　塩・黒こしょう…各少々
　　マヨネーズ…大さじ1
ミニトマト…2個
黒オリーブ(種なし)…2個
ベビーリーフ…20g
＊ピザ用チーズでも

作り方（ 30分、1人分215kcal）

1　じゃがいもはよく洗い、皮つきのまま電子レンジで7～8分（500W）加熱する（ラップはしない・途中上下を返す）。

2　ミニトマトは4つ割りに、オリーブは薄切りに、チーズは2cm角に、アンチョビはあらみじんに切る。

3　じゃがいもは半分に切り、皮をやぶらないように中身をスプーンなどでくり抜く。くり抜いたものはとりおく。

4　くり抜いたじゃがいもと、Aを混ぜて、3のじゃがいもにこんもりと詰める。上にミニトマトとオリーブをのせる。

5　オーブントースターで約10分焼く。器にベビーリーフを敷き、ファルシーを盛る。

作り方3でじゃがいもをくり抜くときは、端から1.5cmのところに1周印をつけます。その中をスプーンでくり抜くと失敗しません。

じゃがいもと豚肉の黒酢炒め煮

バターじょうゆと、黒酢のコクがしみこんだ、じゃがいもと肉は絶品です

材料(2人分)

じゃがいも…2個(300g)
豚肉(カレー用角切り)…150g
　塩・こしょう…各少々
さやいんげん…2本
サラダ油…大さじ1・1/2
A　水…200ml
　　砂糖…大さじ1/2
　　黒酢…大さじ1・1/2
B　バター…10g
　　しょうゆ…大さじ1

作り方(❀35分、1人分441kcal)

1　豚肉は塩、こしょうで下味をつける。

2　じゃがいもは皮をむき、4つに切り、水にさらして、水気をきる。

3　いんげんは筋があればとる。ラップに包み、電子レンジで約30秒(500W)加熱する。あら熱がとれたら、3cm長さに切る。

4　鍋に油を熱し、豚肉を中火で炒める。色が変わったら、じゃがいもとAを加える。煮立ったらアクをとり、ふたをずらしてのせ、中火で約10分煮る。

5　Bを加え、時々上下を返しながら、じゃがいもがやわらかくなるまで煮る。ふたをとって水分をとばし、鍋をゆすって、汁を全体にからませる。

6　器に盛り、いんげんを散らす。

じゃがいものめんたいこ煮

めんたいこのうま味で、だしいらず！　ごはんが進む煮ものです

材料（2人分）
じゃがいも…2個（300g）
めんたいこ…1/2腹（40g）
万能ねぎ…1本
A　水…150㎖
　　砂糖…大さじ1
　　酒…大さじ1
　　しょうゆ…小さじ1/2

作り方（🕒15分、1人分146kcal）

1. じゃがいもは皮をむき、大きめのひと口大に切る。水にさらして、水気をきる。
2. めんたいこは4〜5に切る。万能ねぎは小口切りにする。
3. 鍋にじゃがいもとAを入れ、落としぶたとふたをして火にかける。煮立ったら中火にして約10分、じゃがいもがやわらかくなるまで煮る。
4. 煮汁が半分弱になったら、めんたいこを加える。じゃがいもにからめるように混ぜながら、約30秒煮る。器に盛り、万能ねぎを散らす。

じゃがいもたっぷりおかず ～種類別～

200～300g

じゃがいもを200～300g使います。ホクホク系の男爵、ねっとり系のメークイン、キタアカリや新じゃがの特徴をいかしました。

えびの男爵ポテトグラタン
300g

いもをつぶす料理には男爵を。コクがあって、食感も◎

材料（2人分）

じゃがいも（男爵）…2個（300g）	A 牛乳…200mℓ
むきえび…80g	スープの素…小さじ1/2
塩・こしょう…各少々	B 塩…小さじ1/8
たまねぎ…1/4個（50g）	こしょう…少々
バター…10g	C 粉チーズ…大さじ2
パセリの葉…少々	パン粉…大さじ1

作り方（25分、1人分288kcal）

1. えびは背わたがあればとる。塩・こしょう各少々をふる。
2. じゃがいもは皮をむいて薄切りに、たまねぎも薄切りにする。
3. 厚手の鍋にバターを温め、1を炒めてとり出す。2を加え、軽く炒めてAを加える。煮立ったらふたをして、弱火でじゃがいもがやわらかくなるまで7～8分煮る。
4. 火からおろし、マッシャーなどであらくつぶし、再び火にかけ、煮汁がひたひたになるまで煮つめる。Bとえびを加える。
5. グラタン皿に4を入れ、Cを合わせてふる。パセリをのせる。
6. オーブントースターで4～5分、焼き色がつくまで焼く。

メークインのスープカレー
300g

煮くずれしにくいメークインは煮こみに

材料（2人分）

じゃがいも（メークイン）…2個（300g）	カレー粉…大さじ1
とりもも肉…200g	B 水…500mℓ
A たまねぎ…1/2個（100g）	固形スープの素…1個
にんにく…1片（10g）	ウスターソース…大さじ1/2
オクラ（斜め半分に切る）…5本	トマトケチャップ…大さじ1
サラダ油…大さじ1/2	C 塩…少々
	ガラムマサラ（あれば）…小さじ1/2

作り方（30分、1人分394kcal（ごはんを除く））

1. Aはみじん切りにする。とり肉はひと口大に切り、塩・こしょう各少々（材料外）をふる。
2. 鍋に油とAを入れて炒め、たまねぎが色づいたら肉を加える。肉の色が変わったらカレー粉を加え、弱火で約1分炒める。Bを加えて強火にし、煮立ったらアクをとる。弱火にして、ふたをずらしてのせ、約10分煮る。
3. じゃがいもは皮をむき、4つに切り、水にさらして、水気をきる。2に加えて約10分、オクラを加えて約5分煮る。Cで味をととのえる。器に盛り、温かいごはん300g（材料外）を添える。

キタアカリでじゃがバター ローズマリー風味

男爵を上回るホクホクさのキタアカリ。じゃがバターにぴったり

材料（2人分）
じゃがいも（キタアカリ）…2個（200g）
水…150㎖
A ┌ バター…10g
　├ 塩…小さじ1/6
　├ こしょう…少々
　└ ローズマリー（葉を摘む）…1枝分

作り方（20分、1人分107kcal）

1. じゃがいもは皮をむき、4～5cm大に切り、水にさらして、水気をきる。
2. 鍋にじゃがいもと分量の水を入れ、ふたをして火にかけ、沸騰後弱めの中火で8～10分ゆでる。途中1～2回上下を返す。
3. じゃがいもがやわらかくなったら、ふたをとり、水気をとばす。Aを加えてからめる。

新じゃがとひき肉の炒め煮

皮までおいしい新じゃが。皮ごと炒めて、香ばしく仕上げます

材料（2人分）
じゃがいも（新じゃが）…300g
豚ひき肉…150g
さやいんげん…2本
サラダ油…大さじ1

A ┌ 水…200㎖
　├ 砂糖…大さじ1/2
　└ しょうゆ…大さじ1
B ┌ かたくり粉…大さじ1
　├ 水…大さじ2
　└ しょうゆ…小さじ1

作り方（25分、1人分363kcal）

1. じゃがいもは皮つきのままよく洗う。
2. いんげんは筋があればとり、ラップに包んで電子レンジで約30秒（500W）加熱する。あら熱がとれたら、3cm長さに切る。
3. 鍋に油を熱し、ひき肉を炒める。肉の色が変わったら、じゃがいもを加えて1～2分炒める。Aを加え、煮立ったらアクをとり、ふたをずらしてのせ、中火で約15分煮る。
4. Bを合わせ、3に加えて混ぜながら、ひと煮立ちさせる。器に盛って、いんげんを散らす。

少量で作るおかず

じゃがいもを1個（150g）使います。お弁当や酒の肴、つけあわせにぴったりのおかずができます。

じゃがいもとピーマンのピリ辛炒め

酢ととうがらしがきいた炒めもの。お弁当にぴったり

材料（2人分）

じゃがいも…1個(150g)
ピーマン…1個(40g)
サラダ油…大さじ1/2
A 酢…大さじ1/2
　塩…小さじ1/4
　中華スープの素・こしょう…各少々
　赤とうがらし（小口切り）…1/2本

作り方（10分、1人分88kcal）

1 じゃがいもは皮をむき、3～4mm角の棒状に切る。水にさらして、水気をきる。ピーマンは3～4mm幅の細切りにする。
2 Aは合わせる。
3 フライパンに油を温め、強めの中火でじゃがいもを炒める。透き通ってきたら、ピーマンを加えてさっと炒め、Aを加えて全体を混ぜる。

レンジDEジャーマンポテト

レンジで作る定番料理。加熱途中で混ぜるのがポイント

材料（2人分）

じゃがいも…1個(150g)　　A マヨネーズ…大さじ1
たまねぎ…30g　　　　　　　粒マスタード…大さじ1/2
セロリ…20g　　　　　　　　オリーブ油…小さじ1
ベーコン…4枚　　　　　　　塩・黒こしょう
　　　　　　　　　　　　　　　…各少々

作り方（15分、1人分289kcal）

1 じゃがいもは皮をむき、2～3mm幅のいちょう切りにする。水にさらして、水気をきる。たまねぎとセロリ（筋はとる）はみじん切りにする。ベーコンは5mm角に切る。
2 耐熱容器に1とAを入れて混ぜ、ラップをして、電子レンジで約4分(500W)加熱する。上下を返して、さらに約2分加熱する。

1個(150g)

じゃがいものカナッペ 塩辛＆佃煮風味
和の常備菜がじゃがいもとマッチ！

材料（2人分）
じゃがいも…1個(150g)
水…50㎖
サラダ油…大さじ1/2
いかの塩辛・のりの佃煮…各適量

作り方（10分、1人分103kcal）
1 じゃがいもはよく洗い、皮つきのまま1㎝厚さの輪切りにする。水にさらして、水気をきる。
2 フライパンに油を温め、中火でじゃがいもの両面を軽く焼く。分量の水を加えてふたをし、沸騰後やわらかくなるまで約4分加熱する。
3 器に盛り、塩辛と佃煮をのせる。

1個(150g)

マッシュポテト
ハンバーグなどのつけあわせに。なつかしい、ほっとする味

材料（2人分）
じゃがいも…1個(150g)
A　バター…5g
　　牛乳…大さじ3
　　塩・こしょう…各少々

作り方（15分、1人分86kcal）
1 じゃがいもは皮をむき、2㎝角に切る。水にさらして水気をきる。
2 鍋にじゃがいもとひたひたの水を入れ、ふたをして中火にかける。いもがやわらかくなったら、ふたをとって、水気をとばす。鍋を火からおろし、マッシャーなどでつぶす。
3 熱いうちにAを加え、よく混ぜ合わせる。形を整えて器に盛る。

1個(150g)

じゃがいものじゃこぽん酢あえ
じゃがいもはさっとゆでて、シャキシャキ感を残します

材料（2人分）
じゃがいも…1個(150g)　　いりごま(白)…小さじ1
しその葉…4枚　　　　　　ぽん酢しょうゆ…小さじ2
ちりめんじゃこ…10g

作り方（15分、1人分78kcal）
1 じゃがいもは皮をむき、せん切りにし、水にさらす。熱湯でさっとゆでて、水気をきる。
2 しそはせん切りにし、水にさらして、水気をきる。
3 じゃがいも、じゃこ、ごまを合わせてぽん酢であえる。器に盛り、しそをのせる。

ポテサラ☆大研究

大人も子どもも大好きなポテトサラダ。残ってしまったときに役に立つ、定番のポテトサラダのアレンジ術と、新しい味のバリエーションを3種紹介します。

\ 定番のポテトサラダとアレンジ /

定番！ポテサラ

アツアツのじゃがいもに、下味をつけておきます

材料（全量で約400g）

- じゃがいも…2個(300g)
- にんじん…20g
- きゅうり…1/2本
- たまねぎ…20g
- ハム…2枚(20g)
- A
  - 塩…小さじ1/4
  - 酢…小さじ2
  - こしょう…少々
- B
  - マヨネーズ…大さじ2
  - 練りがらし…小さじ1/4

作り方（🌀20分、全量で432kcal）

1. じゃがいもは洗い、皮つきのまま電子レンジで約7分（500W）加熱する（ラップなし・途中上下を返す）。皮をむき、軽くつぶす。熱いうちにAを混ぜ、さます。
2. にんじんは2mm厚さのいちょう切りにし、耐熱容器に入れてラップをし、電子レンジで約30秒加熱する。
3. きゅうりは小口切りにし、塩少々(材料外)をまぶして5分おき、水気をしぼる。たまねぎは薄切りにし、塩少々(材料外)でもんで水気をしぼる。ハムは1.5cm角に切る。
4. 1に2、3を加え、Bであえる。

保存
- 冷蔵で2〜3日保存可能

---

arrange 01
ポテサラミニコロッケ

味つきポテトでおいしい

材料（5個分）

- ポテトサラダ…100g
- 小麦粉…大さじ1
- A
  - とき卵…1/2個分
  - 水…小さじ1
- パン粉…1/3カップ
- ベビーリーフ…適量
- 揚げ油…適量

作り方（🌀20分、1個分74kcal）

1. ポテトサラダを5等分して、丸める。
2. Aは合わせる。1に、小麦粉⇒A⇒パン粉の順に衣をつけ、揚げ油（170〜180℃）で色よく揚げる。
3. 器にベビーリーフを敷き、2をのせる。

---

arrange 02
ポテサラのり巻き

ごはんを巻くよりもかんたん！

材料（作りやすい量）

- ポテトサラダ…100g
- 焼きのり…1枚
- A
  - グリーンアスパラガス…1本
  - ウィンナーソーセージ…2本

作り方（🌀10分、全量で209kcal）

1. Aは同じ湯で順にゆでる。
2. まな板の上にラップを敷き、のりをのせる。ポテトサラダをのせ、平らになるように広げる（向こう側2〜3cmはあけておく）。ポテトサラダの上に、Aをのせる（写真a）。
3. ラップを使ってくるくると巻く（写真b）。
4. ラップをしたまま、食べやすい大きさに切る。ラップをはがして器に盛る。

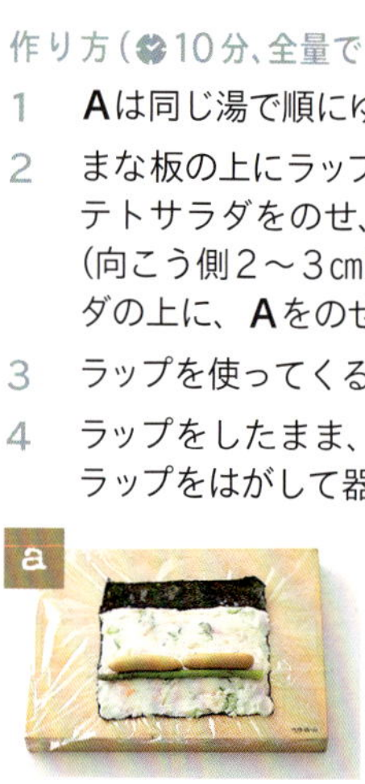

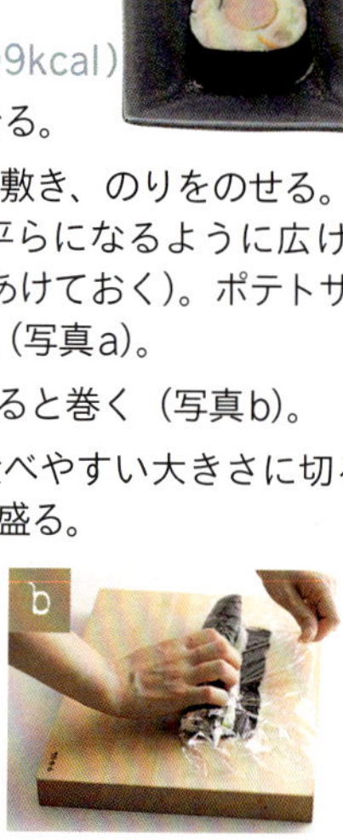

\ ポテサラバリエ /

じゃがいも

variation 01
アボカドヨーグルトポテサラ

ヨーグルト風味の優しい味

材料（2人分）
じゃがいも
（皮をむきひと口大に切る）
…大1個（200g）
アボカド…1個（150g）

A ┃ たまねぎ（薄切り）…30g
　┃ プレーンヨーグルト…大さじ2
　┃ マヨネーズ…大さじ2
　┃ 塩…小さじ1/8
　┃ こしょう…少々
　┃ レモン汁…小さじ1

作り方（20分、1人分263kcal）

1. じゃがいもは水にさらして水気をきる。
2. 鍋にいもと、ひたひたの水を入れ、ふたをして中火にかける。いもがやわらかくなったら、ふたをとって水気をとばす。
3. たまねぎは塩少々（材料外）でもみ、洗ってしぼる。Aは合わせる。アボカドの皮と種を除き、ひと口大に切り、Aの半量と合わせる。
4. 残りのAに2を加えて混ぜ、さます。3と混ぜ合わせる（Aをそれぞれに合わせておくと、味がなじみやすい）。

variation 02
イタリアンポテサラ

マヨネーズ不使用。炒めて作る新感覚

材料（2人分）
じゃがいも…大1個（200g）
ミニトマト…6個
にんにく（薄切り）…1片（10g）
オリーブ油…大さじ1
ツナ缶詰…小1/2缶（40g）

A ┃ 水…50㎖
　┃ 塩…小さじ1/8
　┃ 白ワイン…大さじ1

B ┃ 黒こしょう…少々
　┃ 黒オリーブ（種なし）…6個

作り方（15分、1人分210kcal）

1. じゃがいもは皮をむき、ひと口大に切り、水にさらして、水気をきる。
2. フライパンににんにくとオリーブ油を弱火で温め、じゃがいもを加えて中火で1～2分炒める。Aを加えてふたをし、火が通るまで蒸し煮にする。ふたをとり、Bを加えて混ぜ、水気をとばす。
3. ツナを加えて混ぜる。器に盛り、ミニトマトを飾る。

variation 03
和風ポテサラ

ゆずこしょうをきかせて上品に

材料（2人分）
じゃがいも…大1個（200g）
れんこん…50g
三つ葉…5～6本

A ┃ マヨネーズ…大さじ1・1/2
　┃ ゆずこしょう…小さじ1/2～1/4
　┃ しょうゆ…小さじ1/2

作り方（20分、1人分147kcal）

1. じゃがいもは皮をむき、5㎜幅のいちょう切りにし、水にさらして水気をきる。れんこんは皮をむき、縦半分にし、2～3㎜幅の半月切りに、三つ葉は葉を摘み、茎は1㎝長さに切る。
2. 鍋にじゃがいもと、いもがかぶるくらいの水を入れ、沸騰後約2分ゆでる。酢小さじ1（材料外）とれんこんを加え、1～2分ゆで、一緒にざるにとってさます。
3. Aを合わせ、三つ葉の茎と2をあえる。
4. 器に盛り、三つ葉の葉を飾る。

たまねぎ

重さのめやす
1個＝約200g

黄たまねぎ

旬
秋〜冬。日もちをよくするために、収穫後ひと月ほど干してから出荷します（黄たまねぎ）。新たまねぎは春〜初夏。収穫したものがそのまま出荷されます。

栄養
においや辛味成分をもつ硫化アリルを含んでいます。硫化アリルはビタミンB_1の吸収を助け、血液をサラサラにする働きがあります。加熱すると違う成分に変化するため、サラサラ効果を期待するなら生食がおすすめ。

種類
よく出回っている「黄たまねぎ」も、「新たまねぎ」も品種は同じ。「小たまねぎ（ペコロス）」は直径3〜4cmで、丸のまま煮こみ料理に使います。「紫たまねぎ」は辛味や香りが弱くてやわらかい。いろどりがよく、サラダなどの生食に向いています。

小たまねぎ　　紫たまねぎ　　新たまねぎ

point　たまねぎの調理＆保存のポイント

▶ 調理のポイント

● **たまねぎの皮はぬらしてからむきます。**

たまねぎは、まな板にのせる前に水の中で土のついた根をよく洗います。また、ぬらすことで、皮がむきやすくなります。

● **たまねぎは茶色くなった部分だけをむきます。**

たまねぎの茶色いところは皮ではなく、内側の白い部分と同じもの。乾いて茶色くなっただけです。白い部分の一部が茶色くなっているときは、その部分だけ除きます。

● **切り方によって食感や味が変わります。**

たまねぎを繊維に沿って切ると、加熱しても形や食感が残ります（縦切り）。食感を残したくないときや辛味をやわらげたいときは、繊維を断ち切るように直角に切ります（横切り）。

縦切り

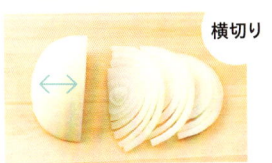
横切り

矢印の方向に繊維がある

▶ 保存のポイント

保存 ● **丸ごとなら冷暗所で保存します。**

湿気を嫌うので、かごや通気性のある保存袋に入れて、風通しのよいところで保存します。切ったものはラップに包んで野菜室に保存します。暑い時期はいたみやすいので、野菜室へ。新たまねぎは野菜室に保存し、早めに使います。

冷凍 ● **切って冷凍します。（保存期間 約2週間）**

みじん切りや薄切りにして冷凍。使うときは自然解凍して、生のままサンドイッチやサラダに。加熱してハンバーグやカレーに使います（凍ったまま加熱する）。

★冷凍たまねぎで炒めたまねぎの時間短縮

フライパンにサラダ油大さじ1/2を温め、たまねぎのみじん切りの冷凍100gを凍ったまま入れ、弱めの中火〜中火でこがさないように約5分、茶色になるまで炒めます。ふつうのたまねぎなら15〜20分炒めるところを、約5分に時間短縮できます。

たまねぎ
たっぷりおかず

200〜300g

たまねぎを1個（200g〜300g）使います。
輪切りにしたり、大きく切ったりして、
たまねぎの形をいかしましょう。

たまねぎとスペアリブのオーブン焼き

皮までこんがり焼きあげて、香ばしく。ナンプラーのくせは、焼くとやわらぎます

材料（2人分）
たまねぎ…大1個（300g）
豚スペアリブ（5〜6cm長さ）
　…300g
A　赤ワイン…50㎖
　　ナンプラー…大さじ2
　　にんにく（みじん切り）
　　　…小1片（5g）
　　塩…少々
とうもろこし…1/2本

作り方（🍀40分、1人分459kcal）

1　Aは合わせる。スペアリブにAをよくもみこむ。

2　とうもろこしは2〜3cm厚さの半月切りに、たまねぎは皮ごと縦に4つ割りにする（いちばん外側の汚れた皮はむく）。

3　オーブン皿にオーブンシートを敷き、1（汁気をきる）、2をのせる。約200℃のオーブン（ガスオーブン190℃）で25〜30分、焼き色がつくまで焼く。

たまねぎと豚肉の甘酢あん

1個(200g)

10分でできる、ボリュームたっぷりのおかず。甘酢あんの香りが食欲をそそります

材料（2人分）

たまねぎ…1個(200g)
豚ばら肉(薄切り)…100g
チンゲンサイ…1株(100g)
しょうが(せん切り)…小1かけ(5g)
サラダ油…大さじ1
A 砂糖…小さじ1
　スープの素…小さじ1/2
　かたくり粉…大さじ1/2
　しょうゆ…大さじ1
　酒…大さじ1
　酢…大さじ1
　水…100ml

作り方（10分、1人分319kcal）

1　たまねぎは3cm幅のくし形に切り、2〜3枚ずつにばらす。チンゲンサイは葉と茎に分け、葉は4〜5cm長さに切る。茎は6つ割りにする。豚肉は3〜4cm長さに切る。Aは合わせる。

2　フライパンに油を温め、中火で、豚肉としょうがを軽く炒め、たまねぎ、チンゲンサイの茎、葉の順に加えて約2分炒める。

3　火を止め、Aを再度混ぜて加える。再び中火にかけ、全体を混ぜながら、とろみがつくまで加熱する。

くし形切りにするときは、たまねぎは繊維が縦に走るように置き、中心に向かって包丁を入れます。

たまねぎバーグ

輪切りのたまねぎがインパクト大。中にもたまねぎたっぷりのヘルシーバーグ

材料（2人分）

- たまねぎ…大1個（300g）
- 合びき肉…150g
- A
  - パン粉…大さじ3
  - 牛乳…大さじ1
  - とき卵…1/2個分
  - 塩…小さじ1/4
  - こしょう…少々
  - ナツメグ…少々
- 小麦粉…大さじ1/2
- サラダ油…大さじ1
- レタス（食べやすくちぎる）…1～2枚
- ミニトマト（半分に切る）…2個

作り方（25分、1人分309kcal）

1. たまねぎは中央部分から、1.5cm幅の輪切りを2枚とる。残りはみじん切りにし、耐熱皿に入れてラップをかけ、電子レンジで約1分（500W）加熱する。少しさます。

2. ボールにひき肉、みじん切りのたまねぎ、Aを入れ、ねばりが出るまでよく混ぜる。

3. 2等分して平たい円形にまとめる。たまねぎの輪切りの片面に小麦粉をまぶし、その面を下にしてハンバーグに埋めこむ。

4. フライパンに油を温め、たまねぎの輪切りがのったほうを下にして3を入れ、中火で1～2分焼く。焼き色がついたら、裏返して弱火にし、ふたをして6～7分蒸し焼きにする。器に盛り、レタスとミニトマトを添える。

輪切りにするときは、たまねぎは繊維が横に走るように置きます。球形で不安定なので、ぬれたふきんを下に敷き固定すると、切りやすい。

たまねぎたっぷりおかず 〜縦・横切り〜

たまねぎを150〜200g使います。繊維に沿って切ると（縦切り）、しっかりした食感に。繊維を断ち切ると（横切り）、辛味が抜けやすくなります。

たまねぎと牛肉の煮もの

 小1個（150g）

定番のひと品に、トロトロの温泉卵をからめて美味

材料（2人分）
- たまねぎ…小1個（150g）
- 牛切り落とし肉…150g
- つきこんにゃく（黒）…200g
- しょうが（せん切り）…1かけ（10g）
- A｜砂糖…大さじ1
- 　｜しょうゆ…大さじ1
- 　｜酒…大さじ1
- だし…150㎖
- しょうゆ…大さじ1/2
- 温泉卵（市販品）…2個

作り方（15分、1人分368kcal）
1. たまねぎは繊維に沿って2㎝幅のくし形に切る（縦切り）。こんにゃくはさっとゆでて、長ければ切る。牛肉は食べやすい大きさに切る。
2. 鍋に牛肉、しょうが、Aを入れ、強火にかける。肉の色が変わったら、たまねぎとだしを加えてふたをし、約3分中火で煮る。こんにゃくを加え、さらに1〜2分煮る。しょうゆ大さじ1/2を回し入れ、ひと煮立ちさせる。
3. 器に盛り、温泉卵をのせる。

 1個（200g）

たまねぎの洋風炊きこみごはん

たまねぎの甘味たっぷり！　縦切りだから食感も残ります

材料（4人分）
- たまねぎ…1個（200g）
- ウィンナーソーセージ（ハーブ風味）*…2本（50g）
- パセリ…1枝
- *ほかの風味や、ふつうのソーセージでも
- 米…米用カップ2（360㎖）
- 水…400㎖
- A｜固形スープの素…1個
- 　｜塩…小さじ1/4
- 　｜こしょう…少々

作り方（50分（米を浸水させる時間は除く）、1人分328kcal）
1. 米はといで、分量の水に30分以上つける。
2. ソーセージは5㎜厚さに切る。たまねぎは繊維に沿って1㎝幅に切って（縦切り）、ばらす。
3. 固形スープの素は小さくきざむ。1にAを加え、2をのせて炊飯器でふつうに炊く。
4. パセリはあらくきざむ。3を器に盛り、パセリを散らす。

焼きざけのたまねぎソース
横切りのたまねぎを塩もみすれば、すぐに辛味がとれます

材料（2人分）
たまねぎ…小1個(150g)
塩…小さじ1/6
A｜酢…大さじ1
　｜塩…小さじ1/6
　｜こしょう…少々
　｜サラダ油…大さじ1
バター…10g
生さけ…2切れ(200g)
塩・こしょう…各少々
小麦粉…大さじ1
ミニトマト…2個

作り方（20分、1人分277kcal）
1. たまねぎは半分に切り、横にして繊維を断ち切るように薄切り（横切り）にして、塩小さじ1/6をふる。ミニトマトは輪切りにする。
2. さけは塩・こしょう各少々をふり、小麦粉をまぶす。
3. フライパンにバターを温め、さけを中火で1～2分焼き、裏返して弱火で3～4分焼く。
4. Aは合わせる。たまねぎを水気をしぼって加える。
5. さけを器に盛り、4とミニトマトをのせる。

かつおのレアステーキ たまねぎのせ
たまねぎは長めに水にさらしてもむと、辛味が抜けます

材料（2人分）
たまねぎ…小1個(150g)
かつお(刺身用さく)…150g
塩…少々
サラダ油…大さじ1
水菜…40g
A｜しょうゆ…大さじ1
　｜酒…大さじ1
　｜酢…大さじ1/2
　｜ゆずこしょう…小さじ1/2～1
　｜いりごま(白)…小さじ1/2
　｜砂糖…少々

作り方（10分、1人分169kcal）
1. たまねぎは4つ割りにし、横にして繊維を断ち切るように薄切り（横切り）にする。約5分水にさらしてもみ、水気をきる。水菜は3～4cm長さに切る。
2. かつおは1～1.5cm厚さに切り、塩をふる。
3. フライパンに油を中火で温め、かつおの両面をさっと焼く（表面の色が変わる程度に、片面30秒ずつがめやす）。
4. かつおを器に盛り、水菜とたまねぎをのせる。Aを合わせて、かける。

# 少量で作るおかず

たまねぎを1/2個（100g）使います。加熱して甘味を引き出したり、生のおいしさを味わったりしてください。

たまねぎと豚肉のかき揚げ
衣に味をつけました。豚肉がやわらかくておいしい!!

材料（2人分）
たまねぎ…1/2個(100g)
豚ロース肉(しょうが焼き用)…100g
A　しょうが汁…小さじ1
　　しょうゆ…大さじ1
　　みりん…大さじ1/2
B　ごま油…小さじ1/2
　　塩・こしょう…各少々
　　かたくり粉…大さじ4
揚げ油…適量

作り方（25分、1人分326kcal）
1　たまねぎは1cm幅に切ってばらす。
2　豚肉は1cm幅に切り、ボールに入れ、Aを加えてよくもみこむ。
3　2にたまねぎとBを順に加えてよく混ぜ、6等分して、それぞれまとめる。
4　揚げ油を170～180℃に熱し、3を入れ、途中裏返しながら、両面を色よく揚げる。

たまねぎとかきのチャウダー
たまねぎを透き通るまで炒めて、うま味を出すのがポイント

材料（2人分）
たまねぎ…1/2個(100g)
かき(加熱用)…100g
ブロッコリー…50g
バター…10g
小麦粉…大さじ1
A　水…100mℓ
　　スープの素…小さじ1/4
牛乳…200mℓ
塩…小さじ1/4
こしょう…少々

作り方（15分、1人分179kcal）
1　かきは塩水（水200mℓに対し塩小さじ1の割合・材料外）で洗い、さらに水で洗って水気をきる。
2　たまねぎは薄切りにする。ブロッコリーは小房に分ける。
3　鍋にバターを温め、たまねぎを弱火で約2分炒める。小麦粉を加えてさらに炒め、粉っぽさがなくなったら、Aを加えて混ぜ、中火で鍋底からこそげるようにして混ぜながら煮る。
4　牛乳とブロッコリーを加えて、煮立ったら約1分煮て、かきを加えて弱火で約2分煮る。塩、こしょうで味をととのえる。

新たまねぎのじゃこおかか

新たまねぎのみずみずしさや甘さは、生で味わいます

材料（2人分）
新たまねぎ…1/2個（100g）
ちりめんじゃこ…大さじ1
けずりかつお…少々
ぽん酢しょうゆ…大さじ1/2

作り方（5分、1人分34kcal）
1　たまねぎは横にして、繊維を断ち切るように薄切り（横切り）にする。水にさらして、水気をきる。
2　1を器に盛り、じゃことけずりかつおをのせる。ぽん酢しょうゆをかける。

レンジたまねぎのオイスターソースあえ

電子レンジでさっと手軽に。濃いめのソースであえます

材料（2人分）
たまねぎ…1/2個（100g）
しょうが（みじん切り）…小1かけ（5g）

A｜オイスターソース…大さじ1
　｜酒…大さじ1
　｜しょうゆ…大さじ1

いりごま（白）…小さじ1/2

作り方（5分、1人分42kcal）
1　たまねぎは芯をつけたまま、1cm幅のくし形に切る。Aは合わせる。
2　耐熱皿にたまねぎとしょうがをのせ、ラップをかけて電子レンジで1分～1分30秒（500W）加熱する。
3　熱いうちにAであえる。
4　器に盛り、ごまを散らす。

たまねぎとツナの炒めもの

ツナ缶の油で炒める手軽なひと品

材料（2人分）
たまねぎ…1/2個（100g）
ツナ缶詰（オイル漬け・かたまり）
　…小1缶（80g）
しょうが（薄切り）…小1かけ（5g）
塩…小さじ1/4
こしょう…少々

作り方（5分、1人分125kcal）
1　たまねぎは2cm角に切る。ツナはざっくりとほぐす。
2　フライパンにツナ（缶汁ごと）としょうがを入れて、中火にかけて温め、たまねぎを加えて、2～3分炒める。
3　塩、こしょうで味をととのえる。

サラダに、あえものに！
作りおき たまねぎレシピ2種

料理のうまさを引き立てるフライドオニオンと、たまねぎの酢じょうゆ漬け。
フライドオニオンはちょっとしたコツで、使う油も少なく、フライパンで手軽に作れます。
たまねぎの酢じょうゆ漬けは、つい、つまみたくなるおいしさ。酒の肴にもぴったり！

フライドオニオン

裏技で意外とかんたん！

材料（作りやすい量）
- たまねぎ…小1/2個（70g）
- 塩…少々
- 小麦粉…大さじ1弱
- 揚げ油…適量

保存
- 冷蔵で約3〜4日保存可能
- びんなどで密封する

作り方（10分、全量で143kcal）
1. たまねぎはごく薄切りにする。ペーパータオルではさみ、上から手で押して、水気をよくとる。塩と小麦粉をふって混ぜ、まんべんなくまぶす。
2. フライパンに5mm深さほど油を入れ、1を弱めの中火で6〜7分、時々ほぐしながら揚げる。きつね色の少し手前で引き上げる（油から引き上げたあとも、加熱が進むため）。

ココが裏技
ペーパータオルを1回替えて、しっかり水気をとるのが、時間短縮のコツ。

サラダにトッピング → サラダにコクとうま味をプラス

アレンジ → 材料を入れて、オーブントースターで焼くだけ

ほかにも
- フォーや中華がゆにのせて
- カレーやハンバーグのコク出しに（炒めたまねぎの代わりに使えます）

オニオングラタンスープ

材料（1人分）
- A フライドオニオン…5g
  - 湯…200ml
  - スープの素…小さじ1/2
  - 塩・こしょう…各少々
- フランスパン（2cm厚さ）…1切れ
- ピザ用チーズ…20g

作り方（10分、1人分173kcal）
1. グラタン皿にAを入れて混ぜ、フランスパンを入れてチーズをのせる。
2. オーブントースターで7〜8分、チーズに焼き色がつくまで焼く。

たまねぎの酢じょうゆ漬け

材料（作りやすい量）
たまねぎ…大1個（300g）
A ┃ 水…70㎖
　┃ 砂糖…大さじ1
　┃ 酢・しょうゆ…各大さじ3

作り方（🌸5分（漬ける時間は除く）、全量で184kcal）

1. たまねぎは2㎝幅のくし形に切り、ざっとばらす。保存容器に入れる。
2. Aを鍋に入れ、ひと煮立ちさせ、熱いうちに1にそそぐ。全体を混ぜ、あら熱がとれたら、冷蔵庫に入れて半日以上おく（途中上下を返す）。

保存
● 冷蔵で約1週間保存可能

クセになるおいしさ！

アレンジ　→　漬け汁を使うから、調味料いらず

ほかの野菜と合わせて　→　あえものがさっと完成

ほかにも
● 漬けものとして　● 肉や魚のつけあわせに
● カレーに添えて　● ごはんのおともに

たまねぎととり肉の酢じょうゆ煮

材料（2人分）
A ┃ たまねぎの酢じょうゆ漬け…100g
　┃ 漬け汁…50㎖
　┃ 赤とうがらし（小口切り）…小1本
とりもも肉…1枚（250g）
　かたくり粉…大さじ1
サラダ油…大さじ1/2

作り方（🌸10分、1人分328kcal）

1. とり肉はひと口大に切り、かたくり粉をまぶす。フライパンに油を熱し、強めの中火で肉の両面に焼き色をつける。
2. フライパンの脂をふき、Aを加える。ふたをして肉を時々返しながら、弱めの中火で約5分煮る。ふたをとり強火にし、汁をからめながら煮つめる。

にんじん

重さのめやす
中1本（葉は除く）
＝約150g

旬
秋から冬。春には皮が薄くてやわらかい新にんじんが出回ります。

栄養
免疫力を高め、粘膜を強くするカロテンが豊富。カロテンは油に溶けやすいので、油で調理したり、油の入ったドレッシングなどと食べると吸収率がアップします。

種類
おなじみのにんじんは「五寸にんじん」や「三寸にんじん」といわれるもの。各地で栽培されています。正月に多く出回る赤色の「京にんじん」は、その名のとおり、京都周辺で栽培。抗酸化作用の強いリコピンが豊富。

五寸にんじん 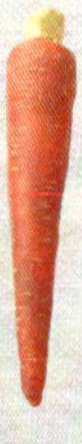　京にんじん

| point | にんじんの調理＆保存のポイント |

▸ 調理のポイント

● 皮がきれいなら、むかずに使えます。

にんじんの皮だと思っている部分は、実は皮の下の部分の表皮。皮やひげ根は、出荷時ににんじんを洗浄する際に除かれます。表皮にはカロテンが豊富なので、むかずに水洗いだけで使えます。

⊥洗浄前 ⊤洗浄後

● 料理によっては、皮をむきます。

色の薄い汁で長く煮たり、色よく仕上げたい料理の場合は、皮が黒ずむことがあるので皮をむきます。食感が気になる場合も、むいてもかまいません。

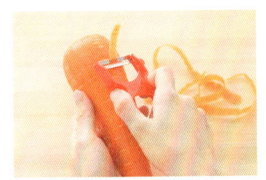

● にんじんをまな板の端にのせるとむきやすい。

皮むき器を使って皮をむくと、にんじんの先のほうがむきにくい。そんなときは、にんじんをまな板の端のほうにのせると、むきやすくなります。

▸ 保存のポイント

保存　● 密封せず、立てて保存します。

にんじんは水気や湿気、高温に弱い野菜です。ポリ袋に入れて口を少し開けて密封しないようにし、野菜室に保存します。呼吸しやすいように、育っている状態と同様になるように、立てて保存します（野菜を立てるための専用のケースなどを使うとよい）。使いかけは水気をふいてラップで包みます。

冷凍　● 切って冷凍します。（保存期間 約2週間）

生のままでも、ゆでてからでも冷凍できます。すぐに使えるように細切りや薄切りにして冷凍します。使うときは、凍ったまま加熱します。

にんじん
たっぷりおかず

にんじんを丸ごと1本（150〜200g）使います。ふだんは少量ずつ使うことが多いにんじんですが、炒めものに、煮ものに、使い方次第で主役になれます。

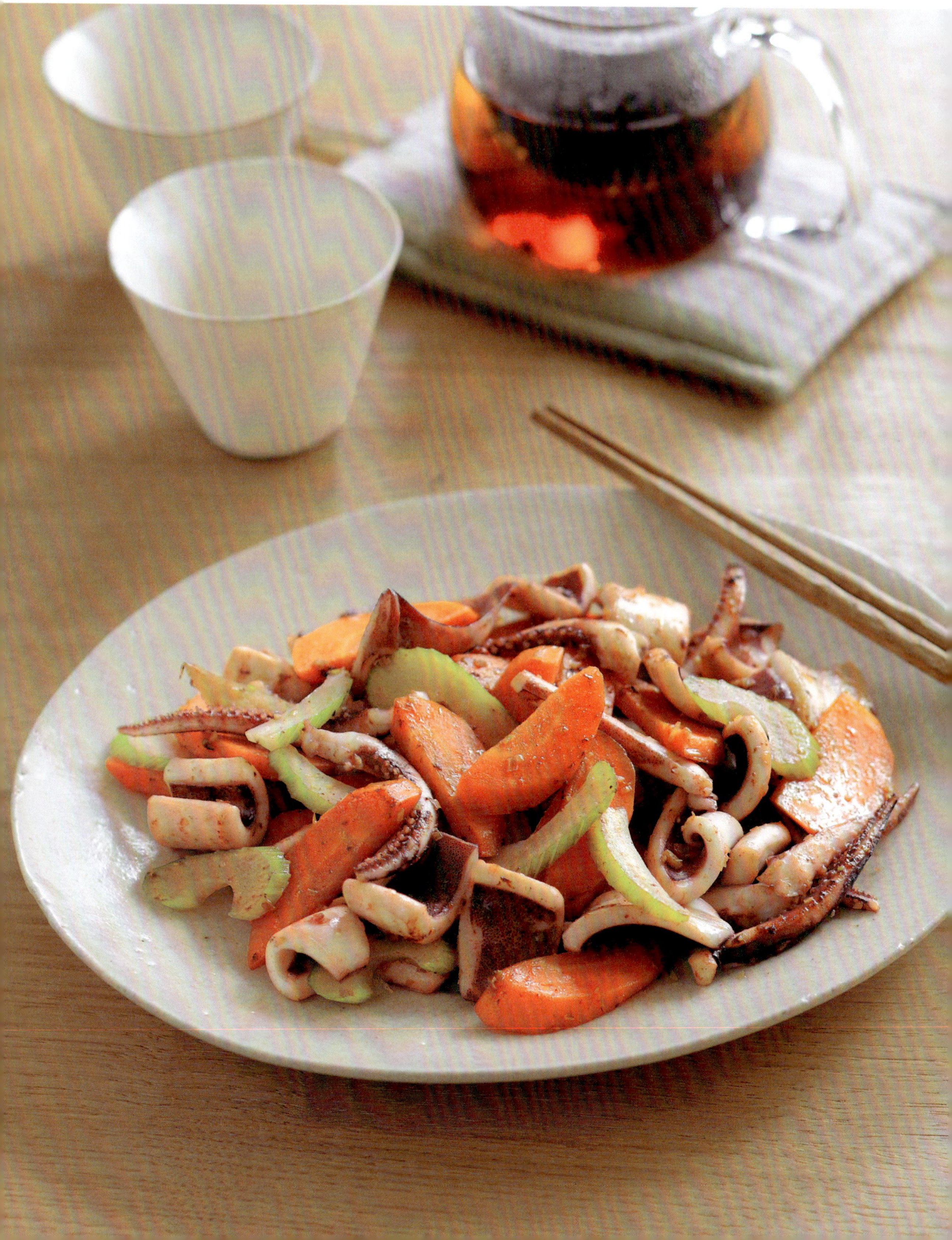

にんじんといかの中華炒め

にんじんは先にゆでておくのがポイント。セロリを味のアクセントに

材料（2人分）
にんじん…1本(150g)
するめいか…1ぱい(300g)
セロリ…1/2本(50g)
A ねぎ(みじん切り)…5㎝
　しょうが(みじん切り)
　　…小1かけ(5g)
　赤とうがらし(小口切り)
　　…1/2本
ごま油…大さじ1/2
B 塩…小さじ1/6
　こしょう…少々

作り方（ 20分、1人分160kcal）

1 いかは足と内臓を引き抜く。胴を開いて、皮つきのまま4～5㎝長さ、2㎝幅に切り、エンペラは2つに切る。足は大きい吸盤を除き、1本ずつ切り離す。長いものは半分に切る。

2 にんじんは縦半分に切り、5～6㎝長さ、7～8㎜厚さの斜め切りにする。セロリは筋をとり、5～6㎝長さ、3～4㎜幅の斜め切りにする。

3 フライパンににんじんとかぶるくらいの水、塩少々（材料外）を入れて火にかける。沸騰後約1分ゆでてざるにとる。

4 フライパンにごま油とAを入れて弱火で温め、香りが出たら、いかを加えて中火で炒める。いかが白くなったら、にんじんとセロリを加え、強めの中火で約1分炒める。Bで味をととのえる。

炒めもののにんじんは、なかなか火が通りにくいのが難点。先にさっとゆでておくと、生煮えの心配がありません。電子レンジで2～3分（500W）加熱しても。

にんじんそぼろ弁当

にんじんの甘味としいたけのうま味がきいたそぼろ。色もキレイ

材料(2人分)
にんじん…1本(150g)
干ししいたけ…2個
　水…50mℓ
とりひき肉…50g
しょうが(すりおろす)
　…大1かけ(20g)
ごま油…大さじ1/2
A　みそ…大さじ1/2
　　しょうゆ…大さじ1
　　干ししいたけのもどし汁
　　　…大さじ1
卵…2個
　塩…少々
ごはん…300g
にんじんの葉(あれば)…少々

＊にんじんそぼろは多めにできます。冷蔵で2〜3日、冷凍で約2週間保存可能

作り方(20分(干ししいたけをもどす時間は除く)、1人分約408kcal)

1　干ししいたけは分量の水につけてもどす。石づきを除き、もどし汁大さじ1はとりおく。

2　にんじんはひと口大に切り、しいたけと一緒にクッキングカッターにかけて、細かくする(5〜6秒ずつ、2回かけるとよい)。

3　Aは合わせる。フライパンにごま油を温める。2とひき肉、しょうがを入れて炒める。火が通ったらAを加え、汁気がなくなるまで中火で炒める。

4　卵はときほぐし、塩を加える。別鍋でいりたまごを作る。

5　弁当箱にごはんを詰め、3と4をのせる。にんじんの葉を飾る。

2でクッキングカッターがなければ、あらみじんに切ります。にんじんは、縦に細切りしたものをまとめてきざむと、手早く切れます。

にんじんと豚肉の煮もの

にんじんとれんこんがごろごろ。煮汁がしみこむように、じっくりと煮こみます

材料（2人分）
にんじん…大1本(200g)
れんこん…100g
豚肩ロース(かたまり)…200g
しょうが(薄切り)…小1かけ(5g)
サラダ油…小さじ1
A　水…300mℓ
　　砂糖…大さじ1
　　酒…大さじ3
　　しょうゆ…大さじ1・1/2
　　みりん…大さじ1

作り方（❀40分、1人分377kcal）

1. にんじんは4〜5cm大の乱切りにする。れんこんは皮をむき、1cm厚さの輪切りにして、水にさらして、水気をきる。豚肉はひと口大に切る。

2. 厚手の鍋に油を熱し、肉としょうがを入れ、中火で2〜3分、肉の表面に焼き色がつくまで焼く。

3. にんじん、れんこん、Aを加え、強火にする。煮立ったらアクをとり、落としぶたをし、ふたをずらしてのせ、弱めの中火で汁気が少なくなるまで約30分煮る。

にんじんたっぷりサラダ6種

100〜150g

にんじんを100〜150g使って、いろいろなサラダにチャレンジ！

にんじんのイタリアンサラダ
100g

生ハムとオリーブでおしゃれに

材料（2人分）

にんじん…100g
　塩…少々
緑オリーブ（種なし）…8個
生ハム…30g
イタリアンパセリ（あれば）…1枝

A｜塩…小さじ1/6
　｜酢…小さじ2
　｜砂糖・黒こしょう…少々
　｜オリーブ油…小さじ2

作り方（15分、1人分91kcal）

1. にんじんは皮をむき、皮むき器で長めのリボン状にけずる。塩少々をふり、しんなりしたら水気をしぼる。オリーブ半量は縦4つ割りにする。残りは飾り用にとりおく。生ハムは1cm幅に切る。
2. Aは合わせる。1（飾り用のオリーブは除く）を加えてあえる。
3. 器に盛り、飾り用のオリーブと、イタリアンパセリを添える。

にんじんのめんたいマヨあえサラダ
100g

にんじんの甘味に、めんたいこの辛味が合います

材料（2人分）

にんじん…100g
たまねぎ…30g
レタス（ちぎる）…1〜2枚
めんたいこ…30g

A｜マヨネーズ…大さじ1・1/2
　｜塩…小さじ1/6
　｜こしょう…少々
　｜レモン汁…小さじ1

作り方（15分、1人分105kcal）

1. めんたいこは薄皮を除き、Aと合わせる。
2. にんじんは薄い半月切りにする。水大さじ1（材料外）をふり、耐熱容器に広げてラップをして、電子レンジで2〜3分(500W)加熱してさます。たまねぎは薄切りにし、水にさらして、水気をしぼる。
3. 2を1であえる。レタスと一緒に盛りつける。

にんじんのジャムサラダ
100g

マーマレードなど、ほかのジャムでも作れます

材料（2人分）

にんじん…100g
　塩…少々
たまねぎ…1/4個(50g)
パセリ…1枝

A｜りんごジャム…30g
　｜酢…大さじ1
　｜塩…少々
　｜オリーブ油…大さじ1/2

作り方（15分、1人分83kcal）

1. にんじんは皮をむき、皮むき器で3〜4cm長さにけずる。塩少々をふり、しんなりしたら水気をしぼる。
2. たまねぎは薄切りにし、水にさらして、水気をしぼる。パセリはあらみじん切りにする。
3. Aは合わせ、1、2をあえる。

にんじん

焼きにんじんサラダ
焼くだけですが、にんじんの甘味がおいしい

材料（2人分）
にんじん…1本（150g）
A 塩…小さじ1/4
　黒こしょう…少々
さつまいも…50g
オリーブ油…大さじ2
にんじんの葉（またはパセリ）…少々

作り方（15分、1人分118kcal）
1. にんじんは縦に5～6mm厚さに4枚切りし、Aをふる。さつまいもは皮つきのまま、5mm厚さの半月切りにし、水にさらして、水気をきる。
2. フライパンにオリーブ油を中火で温め、にんじんとさつまいもを片面につき2～3分ずつ、両面を焼く。
3. にんじん2枚の間に、さつまいもをはさんで盛りつける。にんじんの葉を添える。

にんじんの豆サラダ
にんじんの□と豆の○。見た目もキュート！

材料（2人分）
にんじん…100g
ミックスビーンズ…1缶（100g）
きゅうり（1cm角）…1/2本
　塩…少々
A 酢…大さじ1
　牛乳…大さじ1
　トマトケチャップ…大さじ1
　塩・こしょう…各少々
　サラダ油…大さじ1

作り方（15分、1人分158kcal）
1. にんじんは1cm角に切る。水大さじ1（材料外）をふり、耐熱容器に入れてラップをかけ、電子レンジで1～2分（500W）加熱し、あら熱をとる。
2. きゅうりは塩少々をふって少しおき、軽く水気をしぼる。
3. Aは合わせ、1、2、ミックスビーンズをあえる。

にんじんとわかめの黒酢サラダ
さっぱりしていて、食べやすい中華味のサラダ

材料（2人分）
にんじん…1本（150g）
長いも…50g
わかめ（塩蔵）…10g
いりごま（白）…小さじ1/2
A しょうが…小1かけ（5g）
　砂糖…小さじ1
　しょうゆ…小さじ2
　黒酢…大さじ1
　ごま油…大さじ1/2

作り方（15分、1人分82kcal）
1. わかめは水で洗い、さっとゆでて水気をきり、3cm長さに切る。
2. にんじんは4cm長さの薄いたんざく切りにする。塩小さじ1/4（材料外）をふり、しんなりしたら水気をしぼる。長いもは皮をむき、4cm長さのたんざく切りにする。しょうがはすりおろす。
3. Aは合わせ、1、2をあえる。器に盛り、ごまをふる。

少量で作るおかず

50〜80g

にんじんを1/3〜1/2本(50〜80g)使います。少量でも、朝食や夕食の副菜になります。

にんじんと切り干しだいこんのキムチあえ

50g

少しおいて味をなじませると、悦に入るうまさ。酒の肴に

材料（2人分）
にんじん…50g
切り干しだいこん…10g
はくさいキムチ…30g
A　さきいか…20g
　　しょうゆ…小さじ1
　　酒…大さじ1

作り方（25分（味をなじませる時間を除く）、1人分68kcal）

1　切り干しだいこんは洗い、水に15分ほどつけてもどす。にんじんは3mm角の細切りにする。
2　たっぷりの湯でにんじん、切り干しだいこんを順にゆでる（ともに1〜2分ずつ）。切り干しだいこんはさまして水気をしぼる。
3　キムチは細切りにする。ボールにキムチとAと2を合わせる。約30分おいて味をなじませる。

＊冷蔵で2〜3日保存可能

おろしにんじんのガレット

50g

目玉焼きの黄身をからめて「いただきます！」

材料（2人分）
にんじん…50g
A　牛乳…100ml
　　塩…小さじ1/6
　　こしょう…少々
　　オリーブ油…小さじ1
B　小麦粉…50g
　　粉チーズ…大さじ1/2
オリーブ油…少々
卵…2個
ベビーリーフ…1/2袋(15g)

作り方（35分、1人分263kcal）

1　にんじんは皮つきのまますりおろす。
2　ボールにAを合わせ、にんじんを加えて混ぜる。Bを加え、粉気がなくなるまで混ぜる（泡立て器を使うとよい）。
3　フライパンにオリーブ油少々を弱火で温め、2をおたま約1杯分入れる。約15cmの円形に広げて1〜2分焼く。裏返して裏面も焼く。同様に、あと3枚焼く。
4　フライパンにサラダ油少々（材料外）を温め、半熟の目玉焼きを作る。
5　器に3と4を盛り、ベビーリーフを添える。

🥕 にんじん

にんじんのクミンスープ
80g

クミンひとふりで、コンソメスープがエキゾチックに変身！

材料（2人分）

にんじん…80g
たまねぎ…1/4個（50g）
春雨（下ゆで不要のもの）…10g
サラダ油…大さじ1/2

A 水…400ml
　 固形スープの素…1個
　 酒…大さじ1
　 塩・こしょう…各少々
　 クミン（シード）…小さじ1/2

作り方（⏱20分、1人分78kcal）

1 にんじんは縦半分に切り、斜め薄切りにする。たまねぎは薄切りにする。
2 鍋に油を熱し、1を中火でたまねぎが透き通るまで炒める。
3 Aと春雨（長ければはさみで切る）を加える。ふたをして弱火にし、にんじんがやわらかくなるまで煮る。クミンを加える。

にんじんとひじきのわさび風味
80g

酢とわさびがきいた、さっぱりあえもの

材料（2人分）

にんじん…80g
芽ひじき（乾燥）…大さじ1
ちくわ…1本（30g）

A しょうゆ・酢…各大さじ1/2
　 砂糖…小さじ1/8　酒…小さじ1
　 練りわさび…小さじ1

作り方（⏱20分（ひじきをもどす時間は除く）、1人分51kcal）

1 ひじきはさっと洗い、たっぷりの水に約15分つけてもどす。水気をきる。にんじんは2〜3cm長さの細切りにする。ちくわは縦半分に切り、斜め薄切りにする。Aは合わせる。
2 鍋ににんじんと頭がかぶるくらいの水を入れて火にかけ、沸騰後1〜2分ゆでてざるにとる。同じ湯にひじきを加え、煮立ったら、ざるにとる。
3 2が熱いうちにAであえる。さめたら、ちくわを混ぜる。

にんじんの白和え
80g

とうふをくずして作るからかんたん

材料（2人分）

にんじん…80g
とうふ（もめん）…1/2丁（150g）
くるみ（いったもの・あらくきざむ）…20g

A 砂糖…大さじ1/2
　 みりん…大さじ1
　 塩…小さじ1/8
　 みそ…小さじ1/2

作り方（⏱15分（さます時間は除く）、1人分167kcal）

1 とうふは2〜3に手で分け、ペーパータオルに包んで、電子レンジで約1分（500W）加熱する。
2 にんじんは3〜4cm長さのたんざく切りにする。耐熱皿にのせ、水大さじ1（材料外）をふり、ラップをかけ、電子レンジで2〜3分加熱し、さます。
3 Aを合わせ、とうふの水気をきって加え、泡立て器などでよく混ぜる。にんじんを加えて合わせる。器に盛り、くるみを散らす。

にんじんのきんぴら大活用術

週末に作りおきしておくと、便利なにんじんのきんぴら。冷蔵庫で約5日もち、冷凍保存もできます。
でも、たくさん作っても、あきてしまって食べきれないこともあります。
そこで、かんたんにアレンジできる方法を紹介。朝ごはんに、お弁当に、いつものきんぴらが大活躍。

にんじんのきんぴら

材料（4人分）
にんじん…2本（300g）
ごま油…大さじ1
A　砂糖…大さじ1
　　みりん…大さじ1/2
　　しょうゆ…大さじ1・1/2

作り方（15分、1人分68kcal）
1　にんじんは4cm長さの細切りにする。
2　フライパンにごま油を中火で温め、1を炒める。しんなりしたらAを加え、汁気がなくなるまで炒める。

保存
● 冷蔵で約5日保存可能。
● 冷凍で約2週間保存可能（解凍してから調理する）

---

arrange 01

朝ごはんに！

きんぴらトースト

材料（1枚分）
にんじんのきんぴら…40g
食パン…1枚
マヨネーズ…適量

作り方（5分、1人分239kcal）
食パンにきんぴらをのせ、マヨネーズをかける。オーブントースターで焼く。

arrange 02

沖縄料理に！！

きんぴらシリシリ

材料（2人分）
にんじんのきんぴら…100g
卵…2個

作り方（3分、1人分111kcal）
フライパンにきんぴらを入れ、中火で軽く温める。卵をといて加え、炒め合わせる。

にんじん

arrange 03

にんじんつくね

きんぴらの
うま味がたっぷり！

材料（2人分）
にんじんのきんぴら…100g
かたくり粉…大さじ1/2
サラダ油…大さじ1/2

A｜豚ひき肉…150g
　｜しょうが（すりおろす）…1かけ（10g）
　｜塩…小さじ1/6
　｜酒…小さじ1
　｜卵…1個

作り方（15分、1人分305kcal）

1. ボールにAを入れよく混ぜる。きんぴら、かたくり粉を加えて混ぜる。6等分し、それぞれ小判形にまとめる（にんじんがはみだしてもOK）。
2. フライパンに油を温め、1を強めの中火で焼き、両面に焼き色をつける。火を弱め、ふたをして4〜5分蒸し焼きにする。

arrange 04

にんじんチャーハン

にんじんのオレンジ
で色鮮やか

材料（2人分）
にんじんのきんぴら…100g
ねぎ…10㎝
温かいごはん…300g
卵…1個
サラダ油…大さじ1

A｜酒…小さじ1
　｜中華スープの素・塩・こしょう…各少々
しょうゆ…小さじ1/2

作り方（5分、1人分425kcal）

1. きんぴら、ねぎはあらみじんに切る。
2. 卵はときほぐす。Aは合わせる。
3. フライパンに油を強めの中火で温め、卵を流し入れる。半熟になったらごはんを加え、全体を混ぜながら炒める。1を加えてひと混ぜし、Aを加え、さらに混ぜる。鍋肌からしょうゆを加え、ひと混ぜする。

arrange 05

にんじんと
いんげんのスープ

酢をきかせて、
味をチェンジ！

材料（2人分）
にんじんのきんぴら…40g
さやいんげん…1本

A｜水…300㎖
　｜中華スープの素…小さじ1/2
B｜酢…小さじ1
　｜塩・こしょう…各少々

作り方（5分、1人分31kcal）

1. さやいんげんは筋があればとり、斜め薄切りにする。
2. 鍋にAを合わせて煮立て、きんぴらと1を加えてさっと煮る。Bで調味する。

だいこん

重さのめやす
1本（葉は除く）＝約1kg
5cm長さの輪切り＝約100g

旬
年中手に入りますが、秋〜冬のだいこんがみずみずしい。春〜夏場のものは水分が少なく、やや辛味があります。

栄養
ビタミンC、カリウムなどが豊富で、緑の葉にはカロテンも。特徴的なのは消化を助けるジアスターゼ（アミラーゼ）という酵素を含むこと。ジアスターゼは熱に弱いので、生食で効果を発揮します。

種類
だいこんは、青首だいこんが通年もっとも多く出回ります。主に、青首だいこん、白首だいこん（「三浦」「練馬」など）、かぶのように丸いだいこん（「桜島」「聖護院」など）の3つに分けられます。ほかに「辛味だいこん」などがあります。

青首だいこん

辛味だいこん　聖護院だいこん

point だいこんの調理＆保存のポイント

▶ 調理のポイント

● だいこんは部分によって味が変わります。だいこん1本を使いこなす場合や、売り場で切ってあるだいこんを買う場合などに参考にしましょう。

上部
甘味がある
サラダなどの生食に

先端
辛味が強く、筋っぽい
ピリッと辛いだいこんおろしに。薄切りにして、みそ汁、漬けものに

葉
カロテンやビタミンCが豊富。捨てずに使いたい
細かく切って、炒めもの、みそ汁に

真ん中
やわらかく、太さが安定していて使いやすい
おでんやぶりだいこんなどの煮もの、鍋もの、サラダに

▶ 保存のポイント

保存 ● 葉を切り落として保存します。

葉をつけたままだと、葉が根（白い部分）の水分を吸い上げてしまいます。買ってきたらすぐに、葉と根は切り分け、それぞれポリ袋に入れて野菜室で保存します。根は1本丸ごとなら、冷暗所でも保存できます。

冷凍 ● 根の白い部分は、多少食感は変わりますが、使い方によっては冷凍できます（P.54参照）。（保存期間 約2週間）

食べやすい大きさに切って冷凍し、凍ったまま煮ものや汁に入れたり、解凍してから焼いたりして使います。

だいこんおろしにしても冷凍可能。小分けにして冷凍します。自然解凍して使用します（約1週間保存可能）。

葉はきざんでゆでて冷凍し、凍ったまま使います。

だいこん たっぷりおかず

300g

だいこんをたっぷり300g使います。煮ものにするときは、上のほうか、太さも味も安定している真ん中あたりを使うのがおすすめです。

だいこん

だいこんの沖縄風煮こみ
300g

豚肉とこんぶを一緒に煮こんで沖縄風に。煮汁がしみこんだだいこんは、とってもやわらか

材料（2人分）
だいこん…300g
豚ばら肉（かたまり）…150g
万能ねぎ…2〜3本
こんぶ…10cm
A 水…300ml
　砂糖…大さじ1・1/2
　しょうゆ…大さじ1・1/2
　酒…大さじ2

作り方（40分、1人分327kcal）

1 だいこんは皮をむき、2cm厚さの半月切りにする。耐熱皿に並べ、水50ml（材料外）を入れてラップをかけ、電子レンジで約3分（500W）加熱する。裏返して約3分加熱する。

2 こんぶははさみで6つに切る。万能ねぎは4〜5cm長さの斜め切りにする。

3 厚手の鍋に豚肉を入れ、かぶるくらいの水を加えて、中火で4〜5分ゆでる。肉をさっと洗って、6等分の角切りにする。

4 鍋を洗い、1、3、こんぶ、Aを入れて強火にかける。煮立ったらふたをずらしてのせ、弱めの中火で15〜20分、だいこんがやわらかくなるまで1〜2度混ぜながら煮る。

5 ふたをとって火を強め、だいこんに照りが出るまで煮汁を煮つめる。器に盛り、万能ねぎをのせる。

皮をむくときの厚さは、料理によって異なります。煮ものなど、やわらかく仕上げたいなら、厚めにむきます。その皮はきんぴらにして、残さず食べましょう（P.54参照）。

だいこんを煮ものにするときは、下ゆでしておくと、味がしみこみやすい。鍋でゆでると時間がかかるので、電子レンジを使うと手軽（作り方1参照）。

だいこんとさけの酒かす鍋

300g

さけの塩気と、しょうがのさわやかさが、酒かすの味を引き立てます。体の芯から温まる鍋

材料(2人分)
だいこん…300g
さけのかま(甘塩)*…2切れ(250g)
水菜…50g
しょうが(せん切り)…1かけ(10g)
だし…500mℓ
牛乳…100mℓ
A 酒かす…30～50g
　 みそ…大さじ1

作り方(30分、1人分280kcal)

1 鍋に湯を沸かし、さけのかまをさっとくぐらせて、水にとる。うろこがあれば除く。

2 だいこんは皮をむき、5mm厚さの半月切りにする。水菜は3～4cm長さに切る。

3 土鍋にだし、1、しょうが、だいこんを入れる。ふたをして火にかける。煮立ったら、だいこんがやわらかくなるまで中火で10～15分煮る。

4 Aを溶き入れ、ひと煮立ちしたら牛乳を加える。水菜を入れてさっと煮る。

さけのかまは湯にさっと通すことで、くさみがとれます。大きい場合は切りますが、かたいのでキッチンばさみを使うと切りやすい。

*さけ(甘塩)の切り身大2切れでもできます。
切り身の場合は湯に通さず、うろこがあれば除きます

だいこんととり肉の炒め煮

300g

だいこんを乱切りにすると、火も味も通りやすい。チンゲンサイはいろどり。なくてもOK

材料（2人分）
だいこん…300g
とりもも肉…1枚(250g)
A　酒…小さじ1
　　塩…少々
にんにく…小1片(5g)
しょうが…1かけ(10g)
B　水…200mℓ
　　酒…大さじ1
　　しょうゆ…大さじ1
　　豆板醤（トウバンジャン）…小さじ1
ごま油…大さじ1/2
チンゲンサイ…1株(100g)

作り方（30分、1人分324kcal）

1　とり肉は3〜4cm角に切り、Aで下味をつける。

2　だいこんは皮をむき、5〜6cm大の乱切りにする。鍋に入れ、かぶるくらいの水を加えて3〜4分ゆでる。

3　にんにくは半分に切る。しょうがは薄切りにする。

4　深めのフライパンにごま油を中火で温め、肉を入れて両面に焼き色をつける。だいこん、3、Bを入れ、煮立ったら落としぶたをし、ふたをずらしてのせ、中火で約20分、煮汁が少なくなるまで煮る。

5　チンゲンサイは長さを3等分に切り、湯600mℓに塩小さじ1/2（ともに材料外）を入れてゆでる。4とともに盛りつける。

だいこんは乱切りにすると、面が多くなり、火が通りやすくなります。調理時間を短縮できます。

少量で作るおかず
~生でおいしく~

150~200g

だいこんを150~200g、生で食べます。上の部分には甘味があるのでサラダに。下の部分には辛味があるので、おろしに向いています。

だいこんのカルパッチョ
上150g

だいこんとサーモンをきれいに並べて作りたい。おもてなしにも

材料（2人分）
だいこん…150g
　塩…少々
スモークサーモン…80g
ディル（あれば）…1枝
オリーブ油…大さじ1
レモン…少々

作り方（15分、1人分139kcal）
1 だいこんは皮をむき、1~2mm厚さの半月切りにする。塩をふって少しおき、水気をきる。
2 スモークサーモンはだいこんと同じくらいの大きさに切る。
3 器にだいこんとスモークサーモンを重ねて並べる。ディルをちぎって散らし、オリーブ油をかける。レモンを添え、しぼって食べる。

だいこんとオクラの冷しゃぶ
上200g

冬だいこんは生のままで。夏だいこんは少し塩をして水に放します

材料（2人分）
だいこん（10cm長さ）…200g
豚しゃぶしゃぶ用肉…150g
オクラ…5本
梅干し…大1個（25g）

A　だし…大さじ3
　　酒…大さじ1/2
　　砂糖…小さじ1/2
　　しょうゆ…少々
　　ごま油…小さじ1

作り方（15分、1人分244kcal）
1 だいこんは皮をむき、縦長に2cm幅に切り、皮むき器で薄いリボン状にけずる。冷水に約2分放し、水気をきる。オクラはがくをけずり、塩少々（材料外）をつけてこする。
2 梅干しは種をとり、包丁で果肉を細かくたたく。**A**と合わせる。
3 鍋に湯600ml（材料外）を沸かし、オクラをさっとゆでてとり出す。同じ湯に酒大さじ1（材料外）を加え、2~3回に分けて豚肉をさっとゆでる。
4 オクラは斜めに3つに切り、だいこんと合わせる。器に肉とともに盛る。**2**をかけて食べる。

だいこん

おろし納豆そば

納豆とおろしの意外な組み合わせ。ガッとかき混ぜて、どうぞ

材料（2人分）

だいこん…200g
そば（乾燥）…160g
納豆…1パック（50g）
にら…30g
スプラウト…1/2パック（10g）
練りわさび…少々
めんつゆ（ストレート）…200㎖

作り方（20分、1人分380kcal）

1. だいこんはすりおろし、軽く水気をきる。
2. にらはさっとゆでて水気をしぼり、2～3㎝長さに切る。スプラウトは根元を落とし、長さを半分に切る。
3. 鍋にたっぷりの湯を沸かし、そばを袋の表示時間どおりにゆでる。水で洗って、水気をよくきる。
4. 器にそばを盛り、納豆、1、2、わさびをのせる。めんつゆをかける。

おろしは水きりすることで、ほどよく味が引き締まります。だいこんをおろしたら、ざるに入れて、自然に水気をきってください。

さばの甘酢おろし煮

おろしは半分に分けて。先にさっと煮たほうは甘くなります

材料（2人分）

だいこん…200g
さば（3枚おろし）
　…半身1枚（200g）
塩…小さじ1/4
かたくり粉…大さじ1
ピーマン…1個
サラダ油…大さじ2
A　だし…100㎖
　砂糖…大さじ1/2
　酒・しょうゆ・黒酢*
　　…各大さじ1
＊ふつうの酢でも

作り方（20分、1人分294kcal）

1. ピーマンは4つに切る。さばはひと口大のそぎ切りにし、塩をふって約10分おく。水気をふき、かたくり粉を薄くまぶす。だいこんはすりおろし、軽く水気をきる。
2. フライパンに油を熱し、ピーマンを炒めてとり出す。続いてさばを入れ、焼き色がついたら裏返し、火が通るまで焼く。
3. フライパンの油をふき、A、さば、ピーマンを入れて中火で約5分煮る。半量のだいこんおろしを加えてさっと煮る。
4. 器に盛り、残りのだいこんおろしをのせる。

少量で作るおかず 150g〜200g

だいこんを150〜200g使います。少量でも、主菜にも副菜にもなります。

だいこんの韓国風スープ 150g
だいこんの甘味を感じるスープ。牛肉でうま味UP

材料（2人分）
だいこん…150g
牛もも肉(薄切り)…50g
A にんにく(すりおろす)…小1片(5g)
　しょうゆ・ごま油…各小さじ1/2
にら…2〜3本
ごま油…小さじ1
B 水…300㎖
　コチュジャン・酒…各大さじ1/2
　スープの素…小さじ1/2
　すりごま(白)…小さじ1
　しょうゆ…小さじ1

作り方（15分、1人分115kcal）
1 牛肉はひと口大に切り、Aをもみこむ。
2 だいこんは皮つきのまま、4㎝長さのたんざく切りにする。にらは3㎝長さに切る。
3 鍋にごま油小さじ1を中火で温め、牛肉を炒める。肉の色が変わったら、だいこんをさっと炒める。Bを加えて沸騰したら、アクをとる。ふたをずらしてのせ、にらを加えて弱火で3〜4分煮る。

だいこんの炊きこみごはん 200g
だいこんは切って、炊飯器に入れるだけ

材料（4人分）
だいこん…200g
だいこんの葉…正味30g
しょうが(細切り)…1かけ(10g)
こんぶ…5㎝角
米…米用カップ2(360㎖)
水…400㎖
A しょうゆ・酒…各大さじ1
　塩…小さじ2/3
桜えび(乾燥)…10g

作り方（50分(米を浸水させる時間を除く)、1人分292kcal）
1 米はといで、分量の水に30分以上つける。
2 だいこんは3〜4㎜厚さのいちょう切りにする。葉はさっとゆでて水にさらし、水気をしぼって細かく切る。こんぶは長さを半分にし、細切りにする。
3 1にAを混ぜ、だいこん、しょうが、こんぶを加えて、炊飯器でふつうに炊く。
4 炊きあがったら、葉を混ぜる。器によそい、桜えびを散らす。

だいこん

モチモチ☆だいこんサンド
200g

もちと油揚げとだいこん。食感の違いが楽しい！

材料（2人分）
だいこん…200g
　塩…少々
油揚げ…2枚
スライスもち…4枚
ごま油…小さじ1
のり（2×15cmの長方形）…4枚
A│だし…100ml
　│酒・しょうゆ…各大さじ1

作り方（15分、1人分173kcal）
1　だいこんと油揚げをスライスもちの大きさ（約3×5cmの長方形）に合わせて8枚切る。だいこんに塩をふる。
2　下から、だいこん、油揚げ、もち、油揚げ、だいこんの順に重ねてのりで巻く。合わせて4個作る。
3　フライパンにごま油を中火で温め、2の両面を軽く焼く。
4　Aを加え、煮汁がほとんどなくなるまで、弱めの中火で約5分煮る。

だいこんの中華サラダ
150g

だいこんの上の部分で作るとおいしい

材料（2人分）
だいこん…150g
かいわれだいこん…1/2パック（20g）
油揚げ…1/2枚
いりごま（白）…小さじ1
A│めんつゆ（3倍濃縮）
　│　…大さじ1
　│酢…大さじ1/2
　│ごま油…大さじ1

作り方（10分、1人分104kcal）
1　だいこんは皮をむき、4～5cm長さのせん切りに、かいわれは根元を落とし、長さを半分にする。合わせて水に放し、水気をきる。
2　油揚げはフライパンで両面を軽く焼き*、長さを半分にして細切りにする。Aは合わせる。
3　1を器に盛り、Aをかけて油揚げをのせ、ごまをふる。
＊オーブントースターでも焼けます。

だいこんのとろろこんぶ漬け
150g

漬けものは、だいこんの下の部分でどうぞ

材料（2人分）
だいこん…150g
しょうが（みじん切り）
　…小1かけ（5g）
A［しょうゆ・みりん・酢…各大さじ1/2］
とろろこんぶ…ひとつまみ（2～3g）

作り方（5分（漬ける時間は除く）、1人分26kcal）
1　だいこんは2～3mm厚さのいちょう切りにする。
2　とろろこんぶを細かくちぎる。
3　ポリ袋に1、2、A、しょうがを入れて混ぜる。20～30分おく。

冷凍だいこんで時短Cooking！

朗報！　だいこんは生のまま冷凍できます。冷凍するとだいこんの組織が壊れて、加熱時間を短縮できます。おかずを作るとき、皮をむくなどの手間も省けるから一石二鳥。忙しい人の味方です。
使い方は、凍ったまま煮たり、解凍してから焼いたりと、料理によります。
用途に合わせて、大きさを変えて切っておくと、さらに使いやすい。

＼ 2㎝厚さの半月切りにする ／

冷凍だいこん

作り方（10分）

だいこん適量を2㎝厚さの輪切りにし、厚めに皮をむく。半月切り（または2〜3㎜厚さのいちょう切り）にする。保存袋に入れて、袋の中の空気を抜いて密閉する。平らにして冷凍する。

保存

● 冷凍で約3週間保存可能

＼ 2〜3㎜厚さのいちょう切りにする ／

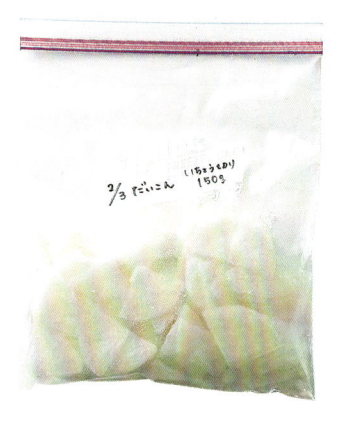

冷凍だいこんのみそ汁

作り方

冷凍だいこんを沸騰しただしに入れ、やわらかくなるまで煮る。みそを溶き入れ、万能ねぎ（小口切り）を散らす（量はすべて適量）。

冷凍だいこんの甘酢漬け

作り方

冷凍だいこん150gを袋に入れ、[砂糖大さじ1・1/2、酢大さじ2、塩小さじ1/4]を加えて軽くもむ。約1時間おいて、だいこんが解けたら完成。

残っただいこんの皮できんぴら

冷凍だいこんの準備をすると、皮がたくさん出ます。
きんぴらにして、ムダなく食べつくしましょう。

だいこんの皮（厚めにむいたもの）100gは4㎝長さ、4〜5㎜幅の細切りにする。フライパンにごま油小さじ1を温め、皮を入れて炒める。しんなりしたら、[しょうゆ・酒・みりん各大さじ1/2]と赤とうがらし（小口切り）1/2本を入れ、汁気がなくなるまで混ぜながら炒める。

だいこん

arrange 01

冷凍だいこんといかの煮もの

だいこんは凍ったまま鍋に入れます

材料（2人分）
冷凍だいこん…200g
するめいか…1ぱい（300g）
しょうが（薄切り）…1かけ（10g）

A｜ だし…100mℓ
　｜ 砂糖・しょうゆ・酒
　｜ …各大さじ1

作り方（15分、1人分136kcal）

1. いかは足と内臓を引き抜く。胴は皮つきのまま輪切りにする。足は大きい吸盤を除き、食べやすい大きさに切る。
2. 鍋にAを中火で煮立て、しょうがといかを入れてさっと煮る。いかをとり出し、冷凍だいこんを入れてふたをし、だいこんがやわらかくなるまで中火で約10分煮る。いかを戻し入れ、ひと煮立ちさせる。

arrange 02

冷凍だいこんのステーキ

だいこんは解凍してから焼きます

材料（2人分）
冷凍だいこん…200g
ベーコン（半分に切る）…2枚（40g）
にんにく（薄切り）…小1片（5g）
オリーブ油…大さじ1

A｜ 赤ワイン…大さじ1
　｜ 砂糖…小さじ1/2
　｜ しょうゆ・酢
　｜ …各小さじ1

作り方（5分、1人分162kcal）

1. 冷凍だいこんは耐熱皿に入れラップをかけ、電子レンジで約3分（500W）加熱して解凍し、水気をふく。Aは合わせる。
2. フライパンににんにくとオリーブ油を弱火で温める。香りが出たら、だいこんとベーコンを入れ強めの中火にし、だいこんの両面に焼き色がつくまで焼く。
3. 火を止め、Aを加えてからめる。器にだいこんとベーコンを盛り、フライパンに残った汁をかける。

arrange 03

冷凍だいこんのそぼろがけ

だいこんは電子レンジで加熱するだけ！

材料（2人分）
冷凍だいこん…200g
豚ひき肉…50g

A｜ しょうが（すりおろす）…小1かけ（5g）
　｜ ねぎ（みじん切り）…5cm
　｜ にんにく（みじん切り）…小1片（5g）

B｜ 砂糖…大さじ1・1/2
　｜ みそ…大さじ2
　｜ 酒・水…各大さじ2
ごま油…小さじ1

作り方（5分、1人分154kcal）

1. 冷凍だいこんは耐熱皿に入れラップをかけ、電子レンジで約6分（500W）加熱して火を通す（途中裏返す）。
2. Bは合わせる。鍋にごま油を温め、ひき肉とAを入れて炒める。肉の色が変わったら、火を止め、Bを加えて混ぜ、中火で1～2分混ぜながら加熱する。
3. 1を器に盛り、2をかける。

キャベツ

重さのめやす
1個＝約1〜1.5kg

旬
冬キャベツは秋〜冬。春(新)キャベツは1〜5月。巻きがやわらかいものは3月ごろから出回ります。

栄養
ビタミンCが豊富で、中心部に特に多い。葉の緑の部分はカロテンが含まれ、胃腸によいビタミンUも含みます。

種類
「冬キャベツ(寒玉)」はロールキャベツなど、煮こむと甘味が出てよりおいしくなります。「春(新)キャベツ」は早春から春にかけて出回り、巻きがゆるい。みずみずしく、サラダや即席漬けなどの生食向き。

冬キャベツ(寒玉) 　　春(新)キャベツ

point キャベツの調理＆保存のポイント

▶ 調理のポイント

●丸ごとのキャベツを買ったら、
上手に使いきりましょう。

①葉は一枚一枚はがして使うと長もち
丸ごとのキャベツを買ったときは、カットせず、葉をはがしながら使うと長もちします。ある程度まで小さくなったら、くし形などにざくざく切って使いきります。

★葉のはがし方
芯の脇に包丁の刃元で切り目を入れ（写真1）、そこに指を差し入れて、葉をていねいにはがします（写真2）。

②外葉は捨てないで
外葉は多少にが味があるので、焼きそばなど味の濃い炒めものに。また、保存のときにキャベツのカバーとして使うと、乾燥が防げます。

③芯は漬けものや炒めものに
芯の部分は薄切りにして使います。

●ふんわりとしたキャベツのせん切りを作るには
コツがあります。

葉（大きければ切る）は同じ向きに2～3枚重ねます。両端を手で巻くように押さえ、端から切ります。葉脈に対して直角に切ると、食感がやわらかくなります。

〈葉のはがし方〉

▶ 保存のポイント

保存 ●ラップに包み、野菜室に保存します。
丸ごとなら、ポリ袋に入れるかラップに包んで野菜室に入れます。芯が茶色く変色していると、そこからいたむので、切り落とします。カットされたものや、葉を切ったものはラップで包みます。

●丸ごとなら、芯をくり抜いておくと長もちします。
芯は葉の栄養分を吸うので、芯をつけたまま保存しておくと葉がしなびやすくなります。芯をくり抜き、しめらせたペーパータオルを詰めておくと、長もちします。

冷凍 ●加熱するか塩もみして、冷凍できます。
（保存期間 約2週間）
さっとゆでて冷凍します。生で冷凍するときは、塩もみして、水気をしぼってから冷凍します。調理に合わせて、解凍してから使ったり、凍ったまま加熱します。

300g

キャベツたっぷり
おかず 〜葉を使って〜

葉を300g使います。キャベツを丸ごと買ったら、すぐにくし形に切らず、葉をはがして使うと長もち。葉の形をいかした料理や、外葉は炒めものにどうぞ。

キャベツの生春巻き風

300g

ゆでたキャベツの葉を使うので、生春巻きよりもかんたんに巻けます。おもてなしに

材料（2人分）
キャベツ（葉）…大3枚（300g）
〈ささみ巻き〉
とりささみ…1本（60g）
A　酒…小さじ1
　　塩…少々
黄パプリカ…1/3個（60g）
万能ねぎ…3本
〈まぐろ巻き〉
まぐろ（刺身用さく）…80g
B　しょうゆ・みりん
　　　…各大さじ1/2
しその葉…6枚
万能ねぎ…3本
〈たれ〉
ぽん酢しょうゆ…適量

作り方（●25分、1人分131kcal）

1. キャベツは耐熱皿にのせ、ラップをかけて電子レンジで約3分（500W）加熱する。あら熱がとれたら、芯の厚いところをそぎ、縦半分に切る。

2. パプリカは縦に6等分に切り、3つに分ける。万能ねぎ6本は長さを4等分に切り、6つに分ける。

3. ささみは筋を除く。耐熱皿にのせ、Aをふってラップをする。電子レンジで約2分加熱する。さめたら大きくさく。3つに分ける。

4. まぐろは1cm角の棒状に切り、Bをまぶす。3つに分ける。

5. キャベツに、〔ささみ、パプリカ、万能ねぎ〕、〔まぐろ、しそ（2枚）、万能ねぎ〕の組み合わせでのせて巻く。それぞれ3本ずつ作る。器に盛り、ぽん酢しょうゆをつけて食べる。

生春巻き風や、ロールキャベツなど、葉で包む料理は、芯が分厚いと作りにくい。葉をゆで、あら熱をとってから、芯の厚いところをそぎます。

キャベツの葉に具をのせたところ。キャベツの葉が小さいときは、6枚用意し、切らずに使います。

ホイコーロー

コクのあるたれが食欲をそそります。キャベツは大きめに切って、さっと炒めます

材料（2人分）
キャベツ…300g
豚肩ロース肉
　（しょうが焼き用）…100g
ピーマン…1個(40g)
ねぎ…10cm
にんにく（みじん切り）…小1片(5g)
A　甜麺醤（テンメンジャン）…大さじ1
　　酒…大さじ1/2
　　しょうゆ…小さじ1/2
豆板醤（トウバンジャン）…小さじ1/3
サラダ油…大さじ1/2

作り方（15分、1人分219kcal）

1. キャベツは4〜5cm角に切る。ピーマンは縦6つ割りにし、斜め半分に切る。ねぎは斜め薄切りにする。
2. 豚肉は4〜5cm長さに切る。Aは合わせる。
3. フライパンに油とにんにくを弱火で温める。香りが出たら、豆板醤と肉を加え、中火で肉の色が変わるまで炒める。
4. キャベツ、ピーマン、ねぎを加えてさっと炒め、Aを加えてひと混ぜする。

キャベツのねぎ塩だれ焼き

にんにくとねぎが香ばしいひと品。ねぎ塩だれをしっかりもみこむと、おいしくなります

材料(2人分)
キャベツ…300g
豚肩ロース肉(薄切り)…100g
A ねぎ…10cm
　にんにく…1片(10g)
　塩…小さじ1/2
　こしょう…少々
　サラダ油…大さじ1

作り方(15分、1人分227kcal)

1 キャベツは4〜5cm角のざく切りにする。ねぎとにんにくはみじん切りにする。豚肉は4〜5cm長さに切る。

2 Aを大きめのボールに合わせる(ねぎ塩だれ)。キャベツ、肉を入れ、手でよくもみこむ。

3 フライパンを温め、2をたれごと中火で3〜4分焼く。

キャベツたっぷりおかず 〜くし形切りを使って〜

300g

葉をある程度はがしたら、約1/4個（300g）のくし形に切って使います。300gは大きいと思うかもしれませんが、加熱すると、かさが減ります。

キャベツとあさりのワイン蒸し

300g

春なら春キャベツでどうぞ。パスタにからめてもおいしい

材料（2人分）
キャベツ…300g
あさり…200g
にんにく（薄切り）…小1片（5g）
オリーブ油…大さじ1/2
白ワイン…大さじ2
塩・こしょう…各少々
パセリ（みじん切り）…1/2枝

作り方（15分（あさりを砂抜きする時間を除く）、1人分78kcal）

1 あさりは砂抜きをし、殻をこすり合わせてよく洗う。
2 キャベツはひと口大のざく切りにする。
3 フライパンにオリーブ油とにんにくを入れ、弱火で温める。香りが出たら、キャベツを入れ、あさりをのせる。白ワインを加え、中火にしてふたをする。
4 煮立ったら弱めの中火にして、あさりの口が開くまで5〜7分蒸し煮にする。塩、こしょうをふり、ざっと混ぜる。器に盛りつけ、パセリを散らす。

キャベツと厚揚げのピリ辛煮

300g

ピリ辛ですが、キャベツが甘いので食べやすい味です

材料（2人分）
キャベツ…300g
厚揚げ…1枚（200g）
A｜水…100ml
　｜スープの素…小さじ1/2
B｜しょうゆ・酒…各大さじ1
　｜砂糖…小さじ1/2
　｜豆板醤（トウバンジャン）…小さじ1/4
ごま油…小さじ1

作り方（15分、1人分202kcal）

1 キャベツはくし形に4つに切る。厚揚げは熱湯をかけて油抜きをし、8等分に切る。
2 鍋にキャベツとAを入れてふたをして火にかけ、煮立ったら中火で約2分煮る。キャベツを裏返して厚揚げとBを加え、ふたをしてさらに約2分煮る。ふたをとり、煮汁をかけながら約1分煮つめ、ごま油を回し入れる。

ちぎりキャベツの香味油がけ

キャベツの中心部は、ほどよい甘味があるので生食向きです

材料（2人分）
キャベツ*…300g
A　ごま油…大さじ2
　　酒・しょうゆ…各大さじ1
　　ねぎ…5㎝
＊春キャベツがおすすめですが、冬キャベツでも作れます

作り方（10分、1人分160kcal）
1. キャベツをひと口大にちぎり、器に盛る。ねぎはみじん切りにする。
2. 小さめのフライパンにAを入れて、弱めの中火で温める。
3. キャベツの上に、2をかける。

キャベツと手羽先の塩スープ煮

手羽先からいいスープが出るので、だしいらず

材料（2人分）
キャベツ…300g
しょうが（せん切り）
　…小1かけ（5g）
とり手羽先…4本
　塩…小さじ1/4
サラダ油…小さじ1/2

A　水…500㎖
　　砂糖…小さじ1/4
　　酒…大さじ2
B　塩・こしょう…各少々
　　赤とうがらし…小1本

作り方（20分、1人分150kcal）
1. キャベツはくし形に4つに切る。とうがらしは斜め半分に切って、種をとる。
2. 手羽先は裏側の骨と骨の間に切りこみを1本入れ、塩小さじ1/4をもみこむ。
3. 深めのフライパンに油を温め、肉の両面に焼き色をつける。Aとしょうがを加えて煮立て、アクをとる。ふたをして中火で3～4分煮る。キャベツとBを加え、途中1～2回肉を返しながら、さらに3～4分煮る。

少量で作るおかず

100～150g

キャベツを葉なら2～3枚、くし形なら約1/8個（100～150g）を使います。少し残ったキャベツも使いきりましょう。

キャベツのクラブハウスサンド
150g
粒マスタードが味を引き締めます

材料（2人分）
キャベツ…150g
ハム…2枚
サラダ油…小さじ1
A 粒マスタード…小さじ1
　 塩…小さじ1/8
　 こしょう…少々
食パン（8枚切り）…4枚

作り方（5分、1人分298kcal）
1 キャベツは5～6cm長さの細切りにする。
2 フライパンに油を温め、キャベツを中火で約1分炒め、Aを加えて混ぜて火を止める。少しさます。
3 パンをオーブントースターで焼く。パン2組にハムと2をはさむ。
4 4つに切って皿に盛る。

キャベツのお好み焼き
150g
ツナ缶で手軽にできます。ランチやおやつにどうぞ

材料（2人分）
キャベツ…150g
ツナ缶詰…小1缶（80g）
A 小麦粉…60g
　 水…50mℓ
　 卵…1個
　 塩・こしょう…各少々
サラダ油…小さじ2
B 中濃ソース…適量
　 マヨネーズ…適量
　 けずりかつお…適量
　 青のり…適量

作り方（15分、1人分324kcal）
1 キャベツはせん切りにする。ツナは大きければほぐす。
2 ボールにAを合わせ、1を入れて混ぜ合わせる。
3 フライパンに油小さじ1を中火で温める。2の半量を丸く伸ばす。焼き色がついたら裏返し、中まで火を通す。同様にもう1枚焼く。
4 器に盛り、Bを順にかける。

キャベツ

マーマレードDEコールスロー
150g

マーマレードの甘味が加わって、パンによく合う味に

材料（2人分）
キャベツ…150g
　塩…小さじ1/3
A　マヨネーズ…大さじ1
　　オレンジマーマレード…大さじ1
　　酢…小さじ1/2

作り方（15分、1人分82kcal）
1　キャベツはせん切りにする。塩をふって混ぜ、約10分おいて水気をしぼる。
2　ボールにAを合わせ、1をあえる。

キャベツのカレー炒め
150g

お弁当のいろどりにも。水を加えて、しっとりと仕上げます

材料（2人分）
キャベツ…150g
サラダ油…大さじ1/2
A　塩…小さじ1/8
　　カレー粉…小さじ1/4
　　水…大さじ1

作り方（5分、1人分47kcal）
1　キャベツはひと口大のざく切りにする（芯があれば、切りとって薄切りにする）。
2　フライパンに油を熱し、強火でキャベツを約1分炒め、Aを加えて炒め合わせる。

キャベツのしょうがじょうゆ漬け
100g

芯を使うときは、薄切りにして使います

材料（2人分）
キャベツ…100g　　　　A　酒…大さじ1/2
しょうが…1かけ（10g）　　しょうゆ…大さじ1/2
　　　　　　　　　　　　　塩…少々

作り方（10分、1人分18kcal）
1　キャベツは1～2cm角のざく切りにする（芯があれば、切りとって薄切りにする）。
2　しょうがはせん切りにする。
3　ポリ袋にキャベツ、しょうが、Aを入れてもむ。約5分おく。

65

2日連続でも食べ飽きない
ロールキャベツ&アレンジレシピ

手作りのロールキャベツは、家族が喜ぶごちそう！ でも、作るのはなかなか大変。
時間のあるときに、キャベツを丸ごと1個用意して、まとめて作ってしまいましょう。
スープの味を変えたりして、かんたんにアレンジもできます。翌日以降も食べ飽きません。

基本の ロールキャベツ コンソメ味

材料（8個分）
キャベツ…大8枚*（600g）
A
- たまねぎ…1/2個（100g）
- 合びき肉…200g
- パン粉…カップ1/2（20g）
- 牛乳…大さじ2
- 卵…1個
- 塩…小さじ1/4
- こしょう・ナツメグ（あれば）…各少々

B
- 水…600㎖
- 固形スープの素…2個
- ローリエ…1枚
- 酒…大さじ1

塩・こしょう…各少々

*葉の大小や破れを考えて数枚余分にゆでておくとよい。余った葉は、鍋のすき間に入れると煮くずれしにくい

保存
- スープごと、保存容器に入れる（冷蔵も冷凍も）
- 冷蔵で1～2日保存可能
- 冷凍で約2週間保存可能（解凍してから調理する）

作り方（⏱45分、1個分102kcal）

1. キャベツの葉をていねいにはがし、熱湯で1～2分ゆでる。あら熱がとれたら、芯の厚みのある部分はそぎとってみじん切りにし、水気をしぼる。
2. たまねぎはみじん切りにし、Aと1のキャベツの芯のみじん切りを合わせてよく混ぜる。8等分にして、それぞれ形を俵形に整える。
3. キャベツの葉を広げ、2を1つのせて包む（写真a、b）。8個作る。
4. 鍋にすき間のないように並べ、Bを加えて火にかける。煮立ったらアクをとり、落としぶたをし、ふたをずらしてのせ、弱火で約30分煮こむ。塩・こしょう各少々で味をととのえる。器に盛りつけ、パセリ少々（材料外）を飾る。

〈包み方〉

① 葉を広げ（葉が小さい場合は、横に2枚重ねる）、中央に肉を置く。
② 手前からひと巻きし、左側を折りたたむ。
③ そのままくるくると巻き、巻き終わったら、右側の余った部分を押しこむ。

キャベツ

スープにプラスαで、味のバリエーションが広がります

arrange 01

トマト味

材料（2個分）
［ロールキャベツ…2個
　ロールキャベツのスープ…50㎖
ミニトマト(半分に切る)…3個
トマトケチャップ…大さじ1/2
ウスターソース…少々

作り方
（5分、1個分114kcal）
鍋にすべての材料を入れて煮立たせ、弱火で3〜4分煮る。

arrange 02

カレー味

材料（2個分）
［ロールキャベツ…2個
　ロールキャベツのスープ…100㎖
しめじ(小房に分ける)
　…1/2パック(50g)
カレールウ(あらくきざむ)
　…1皿分(約20g)

作り方
（5分、1個分159kcal）
鍋にすべての材料を入れて煮立たせ、ルウを溶かしながら弱火で3〜4分煮る。

arrange 03

和風味

材料（2個分）
［ロールキャベツ…2個
　ロールキャベツのスープ…50㎖
しょうが(せん切り)…小1かけ(5g)
ぽん酢しょうゆ…小さじ1/2
万能ねぎ(小口切り)…少々

作り方
（5分、1個分104kcal）
鍋にぽん酢と万能ねぎ以外の材料を入れて煮立たせ、弱火で3〜4分煮て、ぽん酢を加える。器に盛って、万能ねぎを散らす。

arrange 04

ロールキャベツグラタン

材料（2個分）
［ロールキャベツ…2個
　ロールキャベツのスープ…50㎖
ピザ用チーズ…30g

作り方（10分、1個分160kcal）
1　ロールキャベツは3等分の輪切りにする。グラタン皿に並べ、スープをそそぐ。
2　チーズをのせ、オーブントースターで焼き色がつくまで焼く。

とろけたチーズとスープをからめて

arrange 05

朝ごはんや夜食にぴったり！

ロールキャベツのリゾット風

材料（1個分）
［ロールキャベツ…1個
　ロールキャベツのスープ…100㎖
ごはん…100g　　塩…少々
A［粉チーズ・黒こしょう…各適量］

作り方（7分、1個分286kcal）
1　ロールキャベツは1〜2㎝角に切る。
2　鍋にごはん、スープ、ロールキャベツを入れ、弱火で3〜4分煮る。塩で調味する。
3　器に盛り、Aをふる。

なす

重さのめやす
1個＝約80g

長卵形なす

旬
夏～初秋。年中出回っているものの、晴天の多い夏から初秋に育ったなすは、皮がやわらかくておいしい。

栄養
ほとんどが水分。皮の紫色はポリフェノールの一種であるナスニンという色素によるもの。ナスニンには抗酸化作用があり、血液をサラサラにする働きがあります。

種類
一般的な「長卵形なす」、「長なす」は果肉が適度にしまり、クセのない味わい。さまざまな料理に使えます。アクが少ない「水なす」、種が少ない「小なす」は漬けものに向いています。「米なす」は果肉がしまっていて、ソテーや焼きもの、揚げもの向き。

長なす　水なす　小なす　米なす

| point | なすの調理＆保存のポイント |

▶ 調理のポイント

● **切り口が変色しやすいので、水にさらすか、直前に切ってアクを防ぎます。**

なすはアクの強い野菜。切り口が空気にふれると変色します。そのまま料理に使うと黒ずんで、味にえぐみが出ることもあります。調理に合わせたアク対策を。

①蒸しものや煮ものには…切り口を水に1～2分さらします。

②炒めものや揚げものには…直前に切ります。切ってすぐに調理すれば、アク抜きをする必要はありません。

③サラダや炒めものには…塩少々をなじませて約5分おいて、水気をふいてアクをとることもできます。なすを水っぽくしたくないときに。

● **鮮度が落ちたら、濃い味の料理に使います。**

なすの鮮度が落ちて古くなると、皮がかたくなって、身に黒い斑点が出てきます。食感が悪くなり、味も落ちるので、皮をむいて調理するか、みそ炒めなど濃い味の料理に使うとよいでしょう。

▶ 保存のポイント

保存 ● **丸ごとは冷暗所で保存します。**

なすは低温に弱いので、ポリ袋に入れて、冷暗所に保存します。野菜室に保存するなら、新聞紙で包んでからポリ袋に入れます。切り口から茶色くなるので、使うときは、丸ごと1個使いきります。

冷凍 ● **生のままでは冷凍できません。**
加熱して冷凍します。（保存期間 約2週間）

焼きなすや素揚げ、天ぷらなどにして冷凍できます。小分けにして冷凍し、自然解凍か電子レンジで解凍します。焼きなすなら自然解凍すれば、食べられます。素揚げはトマトソースに加えてパスタに、天ぷらはうどんに使えます。

なすたっぷりおかず 〜ボリューム満点〜

160〜300g

なす160〜300gを油を使って調理します。なすと油の相性は抜群。身はやわらかく、見た目も色鮮やかに仕上がります。

なす

なすとたたきえびの揚げもの

なすのうま味とえびの香ばしさがマッチング！ 2種のソースを添えます

材料（2人分）
なす…大2個(200g)
むきえび…150g
A　酒…小さじ1
　　かたくり粉…小さじ1
　　ねぎ…10㎝
　　しょうが…小1かけ(5g)
　　塩・こしょう…各少々
かたくり粉…大さじ1強
揚げ油…適量
　トマトケチャップ…大さじ1
　ラー油…少々
山椒塩*…少々
＊粉山椒・塩各少々を混ぜたものでも

作り方（25分、1人分290kcal）

1　ねぎはみじん切りに、しょうがはすりおろす。むきえびは、背わたがあれば除き、包丁で細かくたたく。えびとAを混ぜ、10等分する。

2　なすはへたをとり、約1.5㎝厚さの輪切りにする。合わせて10個とる。

3　なすの片面に茶こしでかたくり粉をふり、1を等分にのせ、上にもかたくり粉少々をふり、形を整える。

4　深めのフライパンに、深さ2㎝ほど油を入れ、中温（約170℃）に温める。3の半量を、えびの面を下にして入れ、約2分揚げたら裏返し、約30秒揚げる。残りも同様に揚げる。

5　器に盛る。ケチャップにラー油を混ぜる。山椒塩とともに添える。

揚げものは、フライパンを使って少なめの油で片面ずつ揚げると手軽です。えびの面から入れ、裏返すころには油の温度が少し上がりますが（約180℃）、その温度だと、なすが色鮮やかに、カラッと揚がります。

なすのイタリアンソテー

2個(160g)

赤ワイン+バルサミコ酢で奥深い味に

材料(2人分)
- なす…2個(160g)
- 厚切りベーコン…2枚(80g)
- たまねぎ…30g
- にんにく…1片(10g)
- オリーブ油…大さじ1・1/2

A
- バルサミコ酢…大さじ1
- 赤ワイン・水…各大さじ1・1/2
- 砂糖…小さじ1/4
- 塩・こしょう…各少々

イタリアンパセリ…適量

作り方(15分、1人分308kcal)

1. なすはへたをとり、縦に4枚に切る。たまねぎ、にんにくは薄切りにする。ベーコンは長さを半分に切る。Aは合わせる。
2. フライパンにオリーブ油少々(材料外)を温め、ベーコンを中火で両面焼いて器に盛る。
3. 同じフライパンにオリーブ油大さじ1とにんにくを弱火で温め、なすを並べて塩少々(材料外)をふる。中火で両面を色よく焼いて、ベーコンの上に盛る。
4. フライパンの余分な油をふき、オリーブ油大さじ1/2を加え、たまねぎを弱めの中火で軽く炒める。Aを加えてひと混ぜし、火を止める。3にかけ、イタリアンパセリを飾る。

和風マーボーなす

大3個(300g)

みそを使った、辛くない和風味のマーボー

材料(2人分)
- なす…大3個(300g)
- 豚ひき肉…50g
- サラダ油…大さじ1

A
- しょうが…小1かけ(5g)
- ねぎ…10cm
- にんにく…小1片(5g)

B
- だし…100mℓ
- しょうゆ…大さじ1
- みそ…大さじ1
- 砂糖…小さじ1

- かたくり粉…小さじ1
- 水…小さじ2

作り方(30分、1人分188kcal)

1. なすはへたをとり、縦に6〜8つ割りにする。Aはそれぞれみじん切りにする。Bは合わせる。
2. フライパンに油大さじ1/2を温め、中火でなすを2〜3分炒めて、焼き色がついたらとり出す。
3. 続けて油大さじ1/2をたし、Aを弱火で香りが出るまで炒める。ひき肉を加え、中火で肉の色が変わるまで炒める。
4. Bを加えてなすを戻し入れ、煮立ったら弱火で5〜6分煮る。水溶きかたくり粉を加え、とろみをつける。

なすの豚肉巻き煮

大2個(200g)

なすの皮をしまめにむくと、味がしみこみやすい。甘辛味で、ごはんのおかずにぴったり

材料（2人分）
- なす…大2個(200g)
- 豚ばら肉(薄切り)…8枚(100g)
- ねぎ…10cm
- A
  - 砂糖…大さじ1/2
  - しょうゆ…大さじ1
  - 酒…大さじ1
  - 水…大さじ1
  - 赤とうがらし…1/2本
- サラダ油…大さじ1

作り方（20分、1人分291kcal）

1. なすはがくを除き、皮むき器で縦じまに4本皮をむく。縦4つ割りにする。ねぎは5cm長さの薄切りにして、8等分する。
2. 豚肉になす1本と1/8量のねぎをのせて巻く。8本作る。Aは合わせる。
3. フライパンに油を温め、肉の巻き終わりを下にして並べて、中火で2〜3分全面を焼く。焼き色がついたら、Aを加えて弱火で4〜5分煮る。

へたを残したいときは、がくだけを除きます。へたのまわりに浅く切りこみを入れ、がくをとります。

皮むき器で、ところどころ皮をしまめにむきます。味がしみやすく、見た目も華やかになります。

160〜240g なすたっぷりおかず 〜さっぱり味〜

なすを160g〜240g使う、油はひかえめで、ヘルシーなおかずです。冷やして食べてもおいしい、夏にぴったりのさっぱり味です。

なすの田舎煮
2個(160g)

煮汁を吸ったなすが美味。冷やして食べても、そうめんと合わせてもよし

材料（2人分）
なす…2個(160g)
さやいんげん…40g
さつま揚げ…100g
A　だし…200㎖
　　みりん…大さじ1
　　しょうゆ…大さじ1

作り方（30分、1人分104kcal）

1. なすはへたをとり、縦半分に切る。皮に斜めに細かく等間隔に切れ目を入れる。水にさらして水気をきる。
2. いんげんは筋があればとり、3〜4㎝長さに切る。
3. さつま揚げは、熱湯をかけて油抜きをする。大きければ半分に切る。
4. 鍋にAを煮立て、なすとさつま揚げを入れる。ふたをして中火で約10分、なすがやわらかくなるまで煮る。
5. いんげんを加え、中火で約5分煮る。煮汁ごとさまして味を含ませる。

なすを丸のまま調理するときや、大きく切って使うときは、皮に細かく切れ目を入れて、味をしみやすくします。見た目も美しい。

なす

なすのビビンそうめん
2個(160g)

韓国のピリ辛めん(ビビンめん)を、身近なそうめんで作ります

材料(2人分)
なす…2個(160g)
塩…少々
ごま油…大さじ1
きゅうり…1/2本
卵…1個
そうめん…3束(150g)

A コチュジャン…大さじ2
 酢…大さじ1
 砂糖…小さじ1
 しょうゆ…小さじ1
 ごま油…小さじ1
 いりごま(白)…小さじ1

作り方(20分、1人分451kcal)

1 卵は好みのかたさにゆで*、殻をむいて縦半分に切る。
2 なすはへたをとって縦半分にし、5mm幅の斜め切りに、きゅうりは4〜5cm長さの細切りにする。フライパンにごま油大さじ1を強めの中火で温め、なすを入れて塩をふり、さっと炒める。
3 そうめんは袋の表示時間どおりにゆで、冷水でよく洗い、水気をしっかりきる。
4 Aを合わせ、3をあえる。器に盛って1、2をのせる。ごまをふる。

＊半熟卵なら、卵を水から入れて火にかけ、沸騰後4〜5分ゆでて水にとる

グリル焼きなすとささみのぽん酢添え
3個(240g)

夏の風物詩、焼きなす。手作りぽん酢につければ、格別な味に

材料(2人分)
なす…3個(240g)
とりささみ…2本(120g)
みょうが…1個
かぼす*…1個
＊ゆず、すだち、レモンなどで代用可

〈ぽん酢しょうゆ〉
だし…大さじ1
しょうゆ…大さじ1
みりん…大さじ1/2
かぼすのしぼり汁＋酢…大さじ1

作り方(20分、1人分98kcal)

1 ささみは筋をとり、塩小さじ1/8と酒小さじ1(ともに材料外)をまぶす。なすはへたのまわりに切りこみを入れ、がくをとる。下の部分を切り落とし、菜箸を差しこみ穴をあける。
2 グリルになすとささみを並べ、強火で全体を焼く。ささみが焼けたら先にとり出す。
3 なすは皮がこげ、中がやわらかくなるまで焼き、水にとってすぐに水から出す。皮をむき、縦に4つにさき、へたを切り落として長さを半分にする。ささみは大きくさく。
4 みょうがは小口切りにし、水にさらして水気をきる。かぼすは飾り用に薄いいちょう切りを2枚とり、残りは汁をしぼる。ぽん酢の材料を合わせ、飾り用のかぼすを浮かべる。
5 3を盛り、みょうがをのせる。ぽん酢をかけて食べる。

少量で作るおかず

1個(80〜100g)

なすを1個（80〜100g）使います。漬けものや炒めものなど、あとひと品たりないときに、どうぞ。

なすとししとうのみそ炒め
大1個(100g)

ささっと作れて便利なひと品。お弁当にも

材料（2人分）

なす…大1個(100g)
ししとうがらし…10本(40g)
サラダ油…大さじ1/2

A
　みそ…大さじ1/2
　しょうゆ…大さじ1/2
　酒・水…各大さじ1
　砂糖…小さじ1/2
いりごま(白)…大さじ1/2

作り方（15分、1人分69kcal）

1 なすはへたをとり、3cm大の乱切りにする。ししとうは、斜め半分に切る。Aは合わせる。
2 フライパンに油を温め、なすを中火で焼き色がつくまで炒める。ししとうを加え、さらに1〜2分炒める。
3 Aを加えて混ぜながら、汁気がほとんどなくなるまで炒める。
4 器に盛り、ごまをふる。

なすのディップ
1個(80g)

にんにくとチーズがきいた大人の味

材料（2人分）

なす…1個(80g)
たまねぎ…30g
黒オリーブ（種なし）…3個
好みの野菜やパン
（写真の野菜はチコリ）…適量

A
　にんにく（すりおろす）…少々
　白ワイン…大さじ1
　塩…小さじ1/8
　こしょう…少々
　カッテージチーズ…50g

作り方（15分、1人分51kcal（ディップのみ））

1 なすはへたをとり、皮をむく。縦4つ割りにして水にさらす。たまねぎは薄切りにする。オリーブはあらみじんに切る。
2 耐熱皿にたまねぎ、なす（水気を少しつけておく）を順に入れ、ラップをかけて電子レンジで3〜4分(500W)、なすがやわらかくなるまで加熱する。あら熱をとり、ともに細かくきざむ。
3 2をボールに入れ、Aを順に混ぜ、オリーブを加えて混ぜる。器に盛り、生野菜やパンにのせて食べる。

なす

なすのヨーグルトサラダ

なすは水気をしぼらず、形と食感をいかします

材料（2人分）

なす…1個(80g)
　塩…小さじ1/6
きゅうり…1/2本
ミニトマト…4個

A｜プレーンヨーグルト…大さじ2
　｜マヨネーズ…大さじ1/2
　｜粒マスタード…小さじ1/4

作り方（10分、1人分51kcal）

1. なすはへたをとって縦半分に切り、長さを半分にし、5～6mm厚さに切る。塩をふって約5分おく。ペーパータオルで水気をとる。
2. きゅうりはなすと同じくらいの大きさに、ミニトマトは半分に切る。
3. Aは合わせる。きゅうりとなすをAであえる。器に盛り、ミニトマトを添える。

なすピザ

トッピングにのせたカリカリのくるみが、おいしさの秘訣

材料（2人分）

なす…大1個(100g)
　塩…少々
ミニトマト…4個
サラダ油…大さじ1/2

A｜ピザ用チーズ…40g
　｜パセリ…1枝
　｜くるみ…20g
　｜ピザソース…適量

作り方（25分、1人分228kcal）

1. なすはへたをとり、縦に4枚に切る。塩をふって約5分おき、ペーパータオルで水気をとる。ミニトマトは、輪切りにする。
2. くるみはあらみじんに、パセリはみじん切りにする。Aは合わせる。
3. なすの両面に油を塗り、アルミホイルにのせる。その上にA、ミニトマトを順にのせ、オーブントースターで約10分、焼き色がつくまで焼く。
4. 好みでピザソースをつけて食べる。

なすのからしみそあえ

定番のひと品。辛さをひかえめにしました

材料（2人分）

なす…1個(80g)
　塩…小さじ1/4

A｜砂糖…小さじ2/3
　｜みそ…小さじ2/3
　｜練りがらし…小さじ1/3
　｜酒…小さじ1

作り方（15分、1人分20kcal）

1. なすはへたをとって縦半分に切り、3mm厚さの半月切りにする。塩をまぶして約10分おき、水気をしぼる。
2. Aを合わせ、1をあえる。

夏に食べたい！ 電子レンジで蒸しなす&アレンジ

蒸しなすは電子レンジで手軽に作れますが、なすの色が悪くなったり、ピリピリとしたアクが残りがち…。
だけど、しっかり水につければ大丈夫。失敗しないかんたんな作り方を紹介します。
そのままたれにつけたり、アレンジ料理にしたり、食べ方もいろいろ。すぐにひと品が作れます。
みずみずしいレンジ蒸しなすは夏の定番にぴったり！

電子レンジで作る蒸しなす

材料（2人分）
なす…2個（160g）

作り方（10分、1人分16kcal）

1. なすはへたをとって、縦半分に切り、水に2～3分さらす（写真a）。2つずつ断面を合わせて1つにし、1個分ずつラップで包む。耐熱容器にのせ、電子レンジで約3分（500W）加熱する。
2. ラップをしたまますぐに氷水にとって急冷し、さます（写真b）。手か竹串で縦4つにさく（写真c）。

\ レンジ蒸しなすをおいしく作るコツ /

a なすは切り口を下にし、2～3分水にさらすと、アクが抜けやすい。

b ラップのまま水にひたせば、熱いなすをさわらずにすみます。

c 竹串でさくと、さいた面がざらついて、味がしみやすくなります。

\ たれにつけるだけでおいしい /

しょうがじょうゆだれ
材料（2人分）
しょうゆ…小さじ1
酒…小さじ1/2
しょうが（すりおろす）
　…小1かけ（5g）

マヨぽん酢だれ
材料（2人分）
マヨネーズ…大さじ1
ぽん酢しょうゆ…大さじ1/2
すりごま（白）…小さじ1

なす

arrange 01

蒸しなすの中華あえ

みんなが好きな中華味。たっぷりねぎをきかせて

材料（2人分）
蒸しなす…なす2個分
A しょうゆ…小さじ2
　酢…大さじ1
　ごま油…大さじ1/2
　砂糖…少々
　ねぎ（みじん切り）…5cm

作り方（5分、1人分47kcal）
Aを合わせ、蒸しなすをあえる。

arrange 02

蒸しなすの梅マリネ

梅の酸味でさっぱり。冷やして食べたい

材料（2人分）
蒸しなす…なす2個分
A 梅干し…中1個（10g）
　砂糖・しょうゆ・こしょう…各少々
　酢…大さじ1
　サラダ油…大さじ1

作り方（5分、1人分62kcal）
1 蒸しなすは長さを半分に切る。
2 梅干しは種をとり、ちぎってAを合わせ、1をあえる。

arrange 03

蒸しなすと牛肉のエスニックサラダ

ナンプラーをきかせたおかずサラダ

材料（2人分）
蒸しなす…なす2個分
牛切り落とし肉…100g
　塩・こしょう…各少々
サラダ油…小さじ1
たまねぎ…1/4個（50g）
香菜（シャンツァイ）（2～3cm長さに切る）…2～3本

A にんにく（みじん切り）
　…小1/2片（2g）
　砂糖…小さじ1/2
　ナンプラー…小さじ2
　レモン汁…小さじ2

作り方（10分、1人分183kcal）
1 牛肉は食べやすい大きさに切り、塩、こしょうをふる。フライパンに油を温め、肉の両面を焼く。
2 たまねぎは薄切り（横切り・P.21参照）にし、水にさらして、水気をきる。
3 Aを合わせ、蒸しなす、1、2をあえる。器に盛り、香菜を散らす。

きのこ

重さのめやす
1パック＝約100g

旬

おもに9〜11月。しいたけは春に旬を迎えるものもあり、「春子(はるこ)」と呼ばれます。一般的な人工栽培品は、年中出回っています。

種類

「エリンギ」や「えのきだけ」はクセのない味なので、さまざまな料理に。「しめじ」は、ぶなしめじやひらたけがしめじとして流通しています。「まいたけ」は独特の風味とコクが特徴。「しいたけ」はうま味や香りがあります。「マッシュルーム」は生でも食べられ、サラダに使えます。

栄養

体内でビタミンDに変わるエルゴステリンを含みます（特にしいたけ、えのきだけ、まいたけ）。ビタミンDはカルシウムの吸収を助けます。免疫力を高める働きがあるβ-グルカンも含みます。低カロリーで食物繊維が多いため、便秘改善やダイエット食にもってこい。

エリンギ 　えのきだけ 　しめじ

まいたけ 　しいたけ 　マッシュルーム

point きのこの調理＆保存のポイント

▶ 調理のポイント

● きのこは洗わずに使います。

人工栽培品は、洗わなくてもOK。洗うと風味や香りが落ち、いたみやすくなります。汚れが気になるときは、使う直前にさっと洗うか、ふく程度にします。

● しいたけやマッシュルームは、「軸」も使えます。

しいたけやマッシュルームの「石づき」とは、軸の下のかたい、いわばきのこの根元部分。レシピに「石づきを除きます」とあるときは、かたい部分だけをさし、続く軸は薄切りにするなどして調理に使います。石づきを切り落として売られているものもあります。

▲ 石づき

▶ 保存のポイント

保存　● パッケージのまま野菜室で保存し、なるべく早く食べます。

封を開けたり、ぬらしたりするといたみやすい。買ってきたパッケージのまま保存します。使いかけは、いたみやすいのでなるべく早く食べます。

冷凍　● きのこは冷凍できます。（保存期間 約4週間）

洗わずに、ほぐしたり、切ったりして保存袋に入れて冷凍。使うときは、凍ったまま加熱します。しいたけやしめじ、えのきなど数種類を合わせて冷凍してもよい。汁ものや、炒めものに凍ったまま使えます。

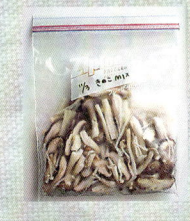

"干しきのこ"で、おいしさ長もち

きのこは干すと、うま味も保存性もUPします。かんたんに作れるので、安くてたくさん買ったときや、食べきれないときは干してみませんか。

〈干す前〉

◆ 作りやすい時期・場所
湿気の少ない秋から春。外に干すか（1〜3日）、室内干し（約3日）も可能です。

◆ 作り方
きのこをやや大きめにほぐし（干すと縮むため）、ざるなどに広げます。晴れた日の日中に1〜3日程度、水分が抜けるまで干します。長く保存したいときは、カラカラになるまで長めに干します。夜は室内にとりこみます。干したものは、保存袋に入れて野菜室で保存（約6週間）。冷凍すると、さらに長くもちます。

↓

〈干したあと〉

◆ 使い方
そのまま汁ものに入れるか、水でもどして調理に使います。

200〜300g

きのこたっぷりおかず 〜2パック以上〜

きのこを2パック（200g）以上、ふんだんに使います。たくさん食べても、食物繊維がたっぷりでヘルシーだから安心です。

きのこのイタリアンしゃぶしゃぶ

300g

トマトや香味野菜がきいたスープで洋風しゃぶしゃぶ。パンを添えても

材料（2～3人分）
〈具材〉
好みのきのこ…300g
（写真はしめじ、まいたけ、えのきだけ）
豚ばら肉（しゃぶしゃぶ用）…200g
ルッコラ…50g
〈煮汁〉
たまねぎ…1/4個（50g）
セロリ…30g
にんにく（薄切り）…小1片（5g）
ミニトマト…6個
オリーブ油…大さじ1
A　水…600㎖
　　固形スープの素…1個
　　塩…小さじ1/8
粉チーズ…大さじ1
〈薬味・好みで〉
B　にんにく（すりおろす）…小1片（5g）
　　塩…小さじ1/8
　　黒こしょう…少々

作り方（15分、1人分348kcal（3人分として・パンは除く））

1　たまねぎとセロリはみじん切りにする。
2　鍋にオリーブ油とにんにく（薄切り）を入れて弱火にかけ、香りが出たら1を加えて中火で炒める。たまねぎがしんなりしたら、ミニトマトを加えて軽く炒め、Aを加えてひと煮立ちさせる。火を止める。
3　きのこは根元を落として、小房に分ける。ルッコラは食べやすい大きさに切る。豚肉は10㎝長さに切る。パン（材料外）とともにそれぞれ器に盛る。
4　Bは合わせて薬味にする。小皿に盛る。
5　2の鍋を静かに沸騰させ、粉チーズを加える。肉、きのこ、ルッコラを入れて煮る。火が通ったものから、好みで薬味をつけて食べる。

えのきだけの根元を落とすときは、根元から約5㎝のところを袋ごと切り落とします。こうすると、まな板が汚れません。

きのこの炊きこみごはん

まいたけとしめじのうま味がたっぷり。黒こしょうをほんのりかけると美味

材料（4人分）
しめじ…1パック（100g）
まいたけ…1パック（100g）
米…米用カップ2（360ml）
水…360ml
とりもも肉…100g
A　塩…少々
　　酒…小さじ1
バター…10g
塩…小さじ1
黒こしょう…少々

作り方（🍴50分（米を浸水させる時間は除く）、1人分344kcal）

1　米はといで、分量の水に30分以上つける。
2　しめじは根元を落とし、長さを半分に切る。まいたけは小分けにし、長さを半分にする。とり肉は1cm角に切り、Aで下味をつける。
3　フライパンにバターを温め、肉、きのこを軽く焼き色がつくまで炒める。あら熱をとる。
4　1に塩小さじ1を加えて軽く混ぜ、3を加える。炊飯器でふつうに炊く。
5　器によそい、黒こしょうをかける。

きのこの春巻き

えのきだけがまるで春雨のように、ほかの具にからみます。エリンギの食感もGOOD！

材料（2人分）

- えのきだけ…1パック（100g）
- エリンギ…1パック（100g）
- むきえび…80g
- A 塩…少々
  　酒…大さじ1
- ねぎ…10cm
- サラダ油…大さじ1
- B 豆板醤（トウバンジャン）…大さじ1/2
  　酒…大さじ1
- C ［小麦粉・水…各大さじ1］
- 春巻きの皮…4枚
- 揚げ油…適量
- プリーツレタス…2枚

作り方（25分、1人分406kcal）

1. えびは背わたがあれば除き、あらみじん切りにしてAで下味をつける。
2. ねぎは斜め薄切りにする。えのきは根元を落として3～4cm長さに、エリンギは3～4cm長さの薄切りにする。
3. フライパンに油大さじ1を中火で熱し、えびと2をさっと炒め、Bを加えて全体を混ぜる。とり出して4等分にする。
4. Cは合わせてのりとする。春巻きの皮で、3を1/4量ずつ包む（両端と巻き終わりはCでとじる）。
5. フライパンに深さ1cmほど油を入れ、春巻きの両面を色よく揚げる（途中上下を返す）。
6. 器にレタスを敷き、春巻きを盛る。

写真のように具を並べます。Cを両端に塗って、手前から包みます。巻き終わりもCでとじます。

きのこたっぷりおかず ～1パック使いきり～

1パック（100g）

きのこ1パック（100g）を使いきります。しめじやエリンギなどきのこは6種類。それぞれのおいしさをいかしました。

エリンギと牛肉のオイスターソース煮

100g

牛肉とコリコリのエリンギが、オイスターソースのコクとからんで美味

材料（2人分）
エリンギ…1パック（100g）
牛もも肉（薄切り）…100g
A 酒・かたくり粉…各小さじ1
　 塩・こしょう…各少々
たまねぎ…30g
レタス…100g
サラダ油…大さじ1
B オイスターソース…大さじ1
　 しょうゆ…大さじ1/2
　 砂糖…小さじ1
　 中華スープの素…小さじ1
　 かたくり粉…小さじ1
　 こしょう…少々
　 水…100㎖
ごま油…少々

作り方（15分、1人分221kcal）

1　牛肉は3〜4㎝長さに切り、Aで下味をつける。

2　エリンギは縦2〜4つ割りにし、4〜5㎝長さに切る。たまねぎは薄切りにする。レタスは大きめにちぎる。Bは合わせる。

3　フライパンに油大さじ1/2を熱し、レタスを強火でさっと炒めて器に盛る。

4　フライパンの汁気をふき、油大さじ1/2をたし、肉とたまねぎを中火でさっと炒めてとり出す。続けてエリンギとBを加えて、混ぜながら約1分煮る。肉とたまねぎを戻し入れて混ぜ、ごま油を加える。レタスの上に盛る。

きのこ

生マッシュルームのサラダ
100g

マッシュルームは生食OK。生ならではの食感を楽しんで

材料（2人分）
マッシュルーム…1パック(100g)
たまねぎ…20g
ベビーリーフ…50g

A 酢…大さじ1/2
　粒マスタード・しょうゆ
　　…各小さじ1/2
　砂糖…少々
　オリーブ油…大さじ2

作り方（5分、1人分102kcal）
1 マッシュルームは3～4mm幅に切り、レモン汁適量（材料外）をかける。たまねぎは薄切りにし、水にさらして、水気をきる。
2 Aは合わせる。
3 器にベビーリーフを敷き、1を盛る。Aをかけて食べる。

マッシュルームは切り口から酸化して変色しますが、レモン汁をかけると変色を防げます。サラダやマリネにするときに。

しいたけとささみのレンジ蒸し
100g

電子レンジで蒸すからかんたん。体にやさしいひと品

材料（2人分）
しいたけ…1パック(100g)
とりささみ…2本(120g)
A 塩…小さじ1/8
　酒…大さじ1/2
ねぎ…10cm
しょうが（せん切り）…小1かけ(5g)

B 水…100ml
　スープの素…小さじ1/4
　かたくり粉…小さじ1
　しょうゆ…小さじ1

作り方（10分、1人分81kcal）
1 しいたけは石づきを除き、半分にそぎ切りにする。ささみは筋を除き、6～7枚のそぎ切りにする。
2 耐熱皿にささみを並べ、Aをまぶす。皿の外周にささみを寄せ、しいたけを中心にのせる。ラップをかけて電子レンジで約2分(500W)加熱する。
3 ねぎは斜め薄切りにし、鍋にB、しょうがとともに入れて火にかける。中火でとろみがつくまで混ぜながら煮る。
4 2を器に盛り、3をかける。

87

えの豚丼

100g

時間のないときでも、すぐに作れて便利です

材料（2人分）

えのきだけ…1パック（100g）
豚もも肉（薄切り）…80g
卵…2個
たまねぎ…40g

A ┃ だし…100mℓ
　┃ 砂糖…小さじ1
　┃ みりん・しょうゆ…各大さじ1

温かいごはん…300g

作り方（15分、1人分448kcal）

1　たまねぎは薄切りにする。えのきだけは根元を落とし、3〜4㎝長さに切る。豚肉は5〜6㎝長さに切る。
2　鍋にAを入れて中火で煮立て、肉を煮る。肉の色が変わったら、たまねぎ、えのきを加え、煮汁が半量くらいになるまで煮つめる。
3　卵を割りほぐし、鍋の中心から外側へと回し入れる。弱火で卵が半熟になるまで煮る。
4　ごはんを器によそい、**3**をのせる。

かじきのソテー しめじ和風ソース

100g

淡泊なかじきに濃厚なソースをかけて。ほかのきのこでもOK

材料（2人分）

しめじ…1パック（100g）
かじき…2切れ（200g）
　塩・こしょう…各少々
たまねぎ…1/2個（100g）
サラダ油…大さじ1

A ┃ 水…大さじ1
　┃ しょうゆ…大さじ1
　┃ みりん…大さじ1/2
　┃ 酒…小さじ1
　┏ かたくり粉…小さじ1
　┗ 水…小さじ2

作り方（20分、1人分260kcal）

1　かじきは塩、こしょうをふり、約5分おいて水気をふく。
2　たまねぎは薄切りにする。しめじは根元を落としてほぐす。**A**は合わせる。
3　フライパンに油大さじ1/2を中火で温め、かじきの両面を焼き、火が通ったら器にとり出す。
4　フライパンの油をふき、油大さじ1/2をたし、たまねぎを中火で炒める。しんなりしたら、しめじを加え、油が回ったら**A**を加える。ひと煮立ちしたら、水溶きかたくり粉を加えて混ぜ、とろみをつける。
5　かじきに**4**をのせる。

まいたけととり肉の焼きびたし

から揚げ用肉を使えば、切る手間が省けます。グリルでもフライパンでも作れます

材料(2人分)

まいたけ…1パック(100g)
とりもも肉(から揚げ用)
　…5～6個(150g)
A　塩…小さじ1/6
　　酒…大さじ1/2
ねぎ…1/2本
B　しょうゆ・酒…各大さじ1
　　みりん・酢・水…各大さじ1/2
　　赤とうがらし…小1本

作り方(⏱15分(つけこむ時間を除く)、1人分180kcal)

1. とり肉はAをもみこむ。まいたけは6～7つに分ける。ねぎは4cm長さのぶつ切りにする。
2. とうがらしは種をとって小口切りにする。Bは大きめのボールに合わせる。
3. グリルで1を焼く。焼けたものからとり出し、2にひたす。10～20分、時々返しながら味をなじませる。器に盛る。

フライパンで焼いても。小さじ1の油を中火で温め、肉と野菜を入れ、肉の両面に焼き色をつけたら、ふたをして火を弱め、蒸し焼きにします。焼けたものからつけ汁につけます。

少量で作るおかず

50〜100g

きのこを1/2パック（50g）、または2種を1/2パックずつ（計100g）使います。きのこが余っているときに作ってみてください。

焼ききのこのレモンじょうゆ

100g

焼きたてのアツアツに、しょうゆとレモンをかけてどうぞ

材料（2人分）

エリンギ…1/2パック(50g)
しいたけ…1/2パック(50g)
塩…少々
サラダ油…大さじ1/2

A｜ しょうゆ…適量
　｜ こしょう…少々
レモン…少々

作り方（5分、1人分42kcal）

1. エリンギは縦に4つ割りにする。しいたけは石づきを除き、縦半分に切る。
2. フライパンに油を中火で温め、エリンギ、しいたけを火が通るまで炒めて塩をふる。
3. 器に盛り、好みでAをかけ、レモンをしぼる。

きのこのチーズクリームパスタ

100g

濃厚なチーズのクリームにきのこがからんで、フォークが弾む味

材料（2人分）

しめじ…1/2パック(50g)
マッシュルーム（薄切り）
　…1/2パック(50g)
たまねぎ（薄切り）…1/4個(50g)
ベーコン…2枚(40g)
オリーブ油…大さじ1
にんにく（薄切り）…小1片(5g)

A｜ 牛乳…250ml
　｜ 塩…小さじ1/8
粉チーズ…大さじ3
スライスチーズ…2枚
黒こしょう…少々
スパゲティ…160g
B ［湯…2ℓ・塩…大さじ1］

作り方（15分、1人分653kcal）

1. しめじは根元を落としてほぐす。ベーコンは1cm幅に切る。
2. 鍋にBを沸かし、スパゲティを袋の表示時間どおりにゆでる。
3. フライパンにオリーブ油を温め、ベーコン、にんにく、たまねぎを入れて中火で炒める。たまねぎがしんなりしたら、きのこを加えて約1分炒める。Aを加え、ひと煮立ちしたら、火を止める。
4. スパゲティを3に加える。粉チーズ大さじ2と、スライスチーズをちぎって加え、加熱しながら混ぜ合わせる。器に盛りつけ、粉チーズ大さじ1とこしょうをふる。

きのこ

きのこすいとん
すいとんにとうふを入れて、やわらかヘルシー

材料（2人分）

- しいたけ…1/2パック（50g）
- A
  - 小麦粉…1/2カップ（50g）
  - とうふ（もめん）…1/4丁（80g）
  - 水…大さじ2
- 豚ばら肉（薄切り）…50g
- しょうが（薄切り）…小1かけ（5g）
- B
  - だし…400ml
  - 酒…大さじ1
  - みりん・しょうゆ…各大さじ1/2
  - 塩…小さじ1/4

作り方（15分、1人分240kcal）

1. しいたけは石づきを除き、半分のそぎ切りに、豚肉は1cm幅に切る。
2. Aは合わせ、とうふのかたまりが少し残るくらいに手で混ぜる。
3. 鍋にB、しょうが、1を入れて煮立たせ、2のすいとんをスプーンにひとすくいずつ落とし入れる。すいとんが浮かび上がってから、中火で2〜3分煮る。

えのきと小松菜のレンジ煮びたし
電子レンジですぐにできます

材料（2人分）

- えのきだけ…1/2パック（50g）
- 小松菜…100g
- けずりかつお…小1パック（3g）
- A
  - みりん…大さじ1/2
  - しょうゆ…大さじ1/2
  - 水…50ml

作り方（5分、1人分24kcal）

1. 小松菜は3〜4cm長さに切る。えのきは根元を落としてほぐす。
2. 耐熱皿に1を入れ、Aを加えて混ぜ、けずりかつおをのせる。ラップをふんわりかけ、電子レンジで約1分30秒（500W）加熱する。全体を混ぜ、再びラップをかけ、さらに約1分30秒加熱する。

しめじのさっと炒めラー油風味
あとひと品ほしいときに。さっと炒めます

材料（2人分）

- しめじ…1/2パック（50g）
- ねぎ（青い部分を含む）…1/2本
- にんにく（薄切り）…小1片（5g）
- サラダ油…小さじ1
- A
  - 塩…小さじ1/8
  - 酒…大さじ1/2
- ラー油…少々

作り方（5分、1人分37kcal）

1. しめじは根元を落とし、ほぐす。ねぎは斜め薄切りにする。
2. フライパンに油とにんにくを弱火で温め、香りが出たら1を入れて中火で炒める。しんなりしたらAを加えて混ぜる。火を止めて器に盛り、ラー油をかける。

きのこMIXでいろいろアレンジ

忙しい人に、きのこMIXの作りおきをおすすめします。
とうふにのせて、ごはんに混ぜて。そのまま食べても、もちろんOK！
ほかの材料とささっと合わせて主菜や副菜がすぐに作れるから、重宝します。

きのこMIX

材料（作りやすい量）

しめじ…1パック（100g）
まいたけ…1パック（100g）
えのきだけ…1パック（100g）
しいたけ…1パック（100g）
しょうが（せん切り）…大1かけ（20g）
A 砂糖・みりん・酒…各大さじ1
　 しょうゆ…大さじ2・1/2
ごま油…大さじ1

作り方（15分、全量で260kcal）

1 しめじとえのきは根元を落としてほぐす。まいたけはほぐす。しいたけは石づきを除き、薄切りにする。
2 Aは合わせる。
3 フライパンにしょうがとごま油を中火で温め、きのこをしんなりするまで炒める。Aを加え、汁気がほとんどなくなるまで混ぜながら煮る。

保存

- 冷蔵で3～4日保存可能
- 冷凍で約2週間保存可能（解凍してから調理する）
*50gずつ小分けにしておくと使いやすい。

---

arrange 01

すぐできます☆

きのこ冷や奴

作り方
好みのとうふにきのこMIXをのせ、万能ねぎ（小口切り）を散らす（量はすべて適量）。

arrange 02

お弁当にピッタリ

きのこごはん

作り方
ごはん150gときのこMIX50gを混ぜ、いりごま少々をふる。

arrange 03

和風ドレッシングに変身♪

きのこドレッシング

作り方
きのこMIX50gに、酢とサラダ油各大さじ1を混ぜ、好みの野菜適量にかける。

きのこ

arrange 04

レンジで厚揚げきのこあんかけ

よく混ぜて
とろみをつけます

材料（2人分）
きのこMIX…100g
厚揚げ…1枚(200g)
A　水…100㎖
　　かたくり粉…小さじ2
七味とうがらし…少々

作り方（7分、1人分207kcal）
1. 厚揚げは食べやすい大きさに切る。
2. 耐熱容器にきのこMIXとAを入れてよく混ぜる。厚揚げをのせてラップをかけ、電子レンジで約2分(500W)加熱する。全体を混ぜ、再びラップをかけて、さらに約2分加熱して混ぜる。器に盛り、七味とうがらしをふる。

arrange 05

きのこと豚肉の炒めもの

味つけに調味料は不要
ささっと作れます

材料（2人分）
きのこMIX…100g
豚切り落とし肉…150g
　塩・こしょう…各少々
さやいんげん…50g
にんにく（薄切り）…小1片(5g)
ごま油…大さじ1/2

作り方（7分、1人分241kcal）
1. いんげんは筋があればとり、4㎝長さに切る。豚肉は食べやすい大きさに切り、塩、こしょうをふる。
2. フライパンにごま油とにんにくを入れて弱火にかけ、香りが出たら強めの中火で肉を炒める。
3. 肉の色が変わったら、いんげんを加えて火が通るまで炒める。きのこMIXを加えてさっと全体を混ぜ合わせる。

トマト

重さのめやす
1個＝約150g

桃太郎

旬
6～9月。冬春トマトと呼ばれるものは3～5月ごろに多く出回ります。

栄養
ビタミンCやカリウム、整腸作用のあるペクチンが豊富。赤い色素のリコピンが豊富に含まれていて、抗酸化作用が強い。

種類
「桃太郎」が代表的。冬～初春には「ファーストトマト」が出回ります。フルーツトマトは、糖度が高いトマトの総称で、大きさはさまざま。一般的なトマトの1.2～1.5倍の糖度があります。「イタリアントマト」は水煮缶詰にも使われている調理用トマト。果肉がかたく、生食には向きません。

フルーツトマト 　　**イタリアントマト**

| point | **トマトの調理＆保存のポイント**

▶ 調理のポイント

● 生で食べるときは、赤くて皮がピンと張ったものを選びます。

生で食べるときは、皮がピンと張っていて、全体が赤いものを選びます。炒めものに切って使う場合は、青さがやや残るトマトが向きます。熟しすぎて皮がやわらかくなったトマトは、煮つぶしてソースやトマトケチャップなどに使います。

★ 買ったトマトが青いときは追熟します。

店に並ぶトマトの大半は、やや青い状態で収穫されたもの。トマトを常温でヘタを下にして数日おいておくと、赤くなります（追熟）。熟したら、野菜室で保存します。

● 皮が気になる場合は「湯むき」します。

皮が気になるときは「湯むき」を。熱湯にトマトを約5秒つけ、すぐ水にとって皮をむきます。おしりの部分にあらかじめ切りこみを入れておくと、皮がむきやすい。

へたの部分にフォークなどを刺し、コンロに近づけて、全面に軽くこげめがつく程度に火であぶっても皮がむけます。1個だけ皮をむきたいときに便利。

▶ 保存のポイント

保存
● 野菜室で保存します。

ポリ袋に入れ、袋の口を開けるなどして、密閉しないで野菜室で保存します。

冷凍
● 丸ごと冷凍できます。（保存期間 約4週間）

ヘタをとり、丸ごと冷凍しておくと、トマト水煮缶詰と同様にトマトソースやシチューなどに使えます。凍ったまま熱いスープに入れて加熱します。また、凍ったものは水につけると、皮がかんたんにむけます。

300～450g

トマトたっぷりおかず ～イタリアン～

トマトを2～3個（300g～450g）使います。トマト料理の王道といえば、イタリアン。パンやパスタと合わせて食べたい料理です。

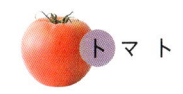

カポナータ

イタリアなら「カポナータ」、フランスなら「ラタトゥイユ」。夏野菜がたっぷりのヨーロッパの家庭料理

材料（2〜3人分）
トマト…3個(450g)
かぼちゃ…80g
ズッキーニ…2/3本(100g)
たまねぎ…1/2個(100g)
にんにく…小1片(5g)
A　白ワイン…大さじ3
　　ローリエ…1枚
　　塩…小さじ1/4
　　こしょう…少々
オリーブ油…大さじ1

作り方（30分、1人分164kcal（2人分として））

1　トマトはざく切りに、かぼちゃは2〜3cm角に切る。ズッキーニは7〜8mm厚さの輪切りにする。

2　たまねぎは1cm幅のくし形に、にんにくはみじん切りにする。

3　厚手の鍋にオリーブ油を温め、2を中火で2〜3分炒める。1を加えてさらに1〜2分炒める。

4　Aを加えてふたをし、弱火で約20分蒸し煮にする（途中1〜2回混ぜる）。

＊冷蔵で2〜3日保存可能

カポナータはたっぷり作っておくと便利。冷やしてそのまま食べてもいいですし、冷たいパスタ（写真はカッペリーニ）にからめたり、パンにのせたりしても。

トマトとたこのバジル炒め

2個(300g)

たことトマトの相性はバツグン。食感の違いも楽しんで

材料(2人分)
トマト…2個(300g)
たまねぎ…1/4個(50g)
バジル…1枝
ゆでだこ…150g
塩…小さじ1/4
こしょう…少々
オリーブ油…大さじ1/2

作り方(15分、1人分141kcal)

1. トマトはひと口大のくし形に切る。たまねぎは1㎝幅のくし形に切り、長さを半分にする。バジルは葉を摘みとる(飾り用を少量とりおく)。
2. たこはぶつ切りにする。
3. フライパンにオリーブ油を温め、たこを強めの中火でさっと炒める。中火にし、たまねぎを加えてさらに2〜3分炒める。トマトとバジルを加え、塩、こしょうをふって、さっと炒める。
4. 器に盛り、飾り用のバジルをのせる。

トマトは炒めると、形がくずれやすい。形を残したいときは、最後に加えて、手早く炒めます。

生トマトのリゾット

生のトマトで作るリゾットはごちそう。皮を湯むきして、種をとって、ていねいに仕上げます

材料（2人分）
トマト…2個（300g）
米…米用カップ1/2（90㎖）
たまねぎ（みじん切り）…30g
グリーンアスパラガス
（1㎝長さに切る）…1本（20g）
オリーブ油…大さじ1
白ワイン…大さじ2
水…300㎖
A　スープの素…小さじ1
　　塩…小さじ1/8
パルミジャーノ・レッジャーノ＊
　…25g
黒こしょう…少々
＊なければ粉チーズでも

作り方（25分、1人分289kcal）

1　トマトは皮を湯むきし（P.95参照）、横半分に切る。種をとり、ひと口大に切る。

2　パルミジャーノはけずり、飾り用を少量とりおく。

3　厚手の鍋にオリーブ油とたまねぎを入れ、中火で約1分炒める。米をとがずに加え、約1分炒める。ワインを加えてさっと炒める。

4　水100㎖を加え、弱めの中火で混ぜながら煮る。汁気が少なくなったら、水200㎖を加え、混ぜながら煮る。汁気が少なくなったら、A、アスパラ、トマトを加え、混ぜながら煮る。汁気が少なくなったら、2を加えて混ぜる。

5　器に盛り、飾り用の2をのせ、黒こしょうをふる。

トマトの種をとると、食感がよくなり、見た目が美しくなります。スプーンの柄などでかき出します。

トマトたっぷりおかず 〜和・中・アジアン〜

2個(300g)

トマトを2個(300g)使います。トマトにはうま味成分のグルタミン酸がたっぷり。和食や中華料理のうまさをグンと引き立てます。

トマトと卵のやわらか炒め
2個(300g)

絶品のふわとろ。火を通しすぎないのがポイント

材料(2人分)
- トマト…2個(300g)
- 卵…2個
- A しょうが…小1かけ(5g)
  　にんにく…小1片(5g)
  　ねぎ…5cm
- サラダ油…大さじ1
- B 水…50㎖
  　トマトケチャップ…大さじ1・1/2
  　砂糖…小さじ1
  　かたくり粉…小さじ1
  　スープの素…小さじ1/2
  　しょうゆ…小さじ1

作り方(15分、1人分201kcal)
1. トマトはくし形に8つに切る。Aはそれぞれみじん切りにする。Bは合わせる。
2. 卵はときほぐす。フライパンに油大さじ1/2を温め、卵を加えて大きく混ぜる。半熟状になったら、皿にとり出す。
3. フライパンに油大さじ1/2をたし、Aを弱火で炒める。香りが出たら、Bを加え、中火でとろみがつくまで混ぜる。トマトを加え、煮立ったら卵を戻し入れ、さっと混ぜる。

丸ごとトマトの煮びたし
2個(300g)

トマトをくずして、だしとからめて食べます

材料(2人分)
- トマト…2個(300g)
- オクラ…2本
- しょうが(すりおろす)…小1かけ(5g)
- A だし…200㎖
  　しょうゆ…大さじ1
  　みりん…大さじ1
  　酒…小さじ1
  　塩…少々

作り方(15分、1人分55kcal)
1. トマトは、皮を湯むきする(P.95参照)。へたはくり抜く。
2. オクラはがくをけずり、湯で1〜2分ゆでて、小口切りにする。
3. 鍋にAを煮立て、トマトを入れる。再び煮立ったら弱火にし、ふたをしないで5〜7分煮る(ふたをするとトマトの色が悪くなってしまう)。
4. 器にトマトを盛って汁をはり、オクラを浮かべる。トマトの上におろししょうがをのせる(冷やして食べるとおいしい)。

トマト

トマトの梅煮

トマトと梅の酸味のハーモニー。冷やして食べると美味

材料（2人分）

トマト…2個(300g)
とりもも肉…150g
　塩・こしょう…各少々
みょうが…3個

A　梅干し…大1個(25g)
　　水…70㎖
　　酒…大さじ1
　　スープの素…小さじ1/4
　　しょうゆ…小さじ1

作り方（15分、1人分188kcal）

1 とり肉は6つのそぎ切りにし、塩、こしょうをまぶす。
2 トマトはくし形に4つに、みょうがは縦半分に切る。梅干しは3〜4つにちぎる（種つきでよい）。
3 鍋に1とAを入れ、強火にかける。沸騰したら、肉を裏返す。トマト、みょうがを加えてふたをし、中火で肉に火が通るまで2〜3分煮る。
4 トマトを裏返し、しょうゆを回し入れ、全体を混ぜて煮汁をからめる（冷蔵庫で冷やすと味がさっぱりとする）。

トマトと牛肉のピリ辛炒め

色鮮やかな夏野菜の炒めもの。ごはんが進むピリ辛味

材料（2人分）

トマト…2個(300g)
牛切り落とし肉…100g
A　塩・こしょう…各少々
　　酒…大さじ1/2
ピーマン…2個(80g)
しょうが（薄切り）…小1かけ(5g)

サラダ油…大さじ1/2
B　水…50㎖
　　砂糖・しょうゆ…各大さじ1/2
　　中華スープの素…小さじ1/2
　　豆板醤…小さじ1/3〜1/2
　　かたくり粉…大さじ1/2

作り方（10分、1人分221kcal）

1 トマトはくし形に8つに切る。ピーマンは縦に8つ割りにする。
2 牛肉は食べやすい大きさに切り、Aをもみこむ。Bは合わせる。
3 フライパンに油を温め、肉を強めの中火で炒める。色が変わったら、しょうが、ピーマンを加えて炒める。トマトを加えて、Bを混ぜてから加え、とろみが出るまで手早く混ぜる。

少量で作るおかず

1個(150〜200g)

トマトを1個（150〜200g）使います。サラダやソース、汁の具など、トマト1個でも食卓がぐんと華やかになります。

豚ヒレソテー フレッシュトマトソース
1個(150g)

さわやかなソースで、肉がさっぱりと食べられます

材料（2人分）
- トマト…1個(150g)
- たまねぎ…30g
- 豚ヒレ肉（かたまり）…150g
- A 塩…小さじ1/6
  - こしょう…少々
- 小麦粉…大さじ2/3
- サラダ油…大さじ1
- B 白ワインビネガー*…大さじ1
  - 砂糖…小さじ1/2
  - 塩…小さじ1/4
  - 練りがらし…小さじ1/4
  - こしょう…少々

*酢小さじ2＋白ワイン小さじ1で代用できる

作り方（20分、1人分181kcal）
1. 豚肉は7〜8mm厚さに切り、Aで下味をつける。
2. トマトはあらみじんに切り、たまねぎはみじん切りにする。合わせてボールに入れ、Bを加えて混ぜる。
3. 1に小麦粉をまぶす。フライパンに油を温め、中火で焼く。約2分焼いたら裏返し、さらに約2分焼いて火を通す。
4. 肉を器に盛り、2をかける。

トマトのジュレサラダ
1個(150g)

ジュレが涼しげ。よーく冷やして食べてください

材料（2人分）
- トマト…1個(150g)
- 枝豆（さやつき）…50g
- ゼラチン…大さじ1/2
- 水…大さじ2
- A スープの素…小さじ1/2
  - 塩…小さじ1/6
  - 砂糖・こしょう…各少々
  - 水…150ml

作り方（20分（冷やし固める時間は除く）、1人分41kcal）
1. 水大さじ2にゼラチンをふり入れ、15分以上おく。
2. トマトは横半分に切り、種をスプーンの柄などでとり出す（P.99参照）。約2cm角に切り、冷蔵庫で冷やす（3で固まるのが早くなるため）。枝豆はゆでて、さやからとり出す。
3. 鍋にAを合わせてひと煮立ちさせる。火を止め、1を加えて溶かす。ボールに移し、枝豆を加えて混ぜ、ボールごと冷水で冷やす。静かに混ぜ、少しとろみがついたら、トマトを加えて合わせる。冷蔵庫に入れ、冷やし固める（1時間以上）。
4. 全体を軽く混ぜて、器に盛る。

トマト

トマトとチーズのおかかあえ
チーズとおかかがからんだいい味

材料（2人分）
トマト…1個(150g)
クリームチーズ(個包装)…2個(40g)
かいわれだいこん…1/4パック(10g)
けずりかつお…2g
しょうゆ…小さじ1

作り方（5分、1人分90kcal）
1. トマトは1.5cm角に、かいわれは根元を落として2cm長さに切る。チーズは1cm角に切る。
2. 1をけずりかつおとしょうゆであえる。

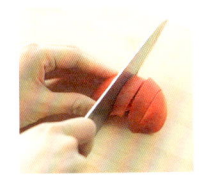

トマトを小さく切るときは、平面を下にして、安定させます。包丁の刃をすべらせるように切ると、きれいに切れます。

トマトのエスニックスープ
トマトの酸味とナンプラーがよく合います

材料（2人分）
トマト…1個(150g)
セロリ…20g
A 水…300㎖
　スープの素…小さじ1/2
　赤とうがらし(小口切り)…小1本
B ナンプラー…小さじ2
　レモン汁…小さじ1
香菜(シャンツァイ)…2〜3本

作り方（5分、1人分22kcal）
1. トマトはひと口大のくし形に、セロリは筋をとって斜め薄切りに、香菜は2cm長さに切る。
2. 鍋にAを入れて煮立て、トマトとセロリを加えて1〜2分煮る。Bを加えて火を止める。
3. 器に盛り、香菜をのせる。

トマトのハーブソテー
トマトは焼くと、コクがUP！ ベーコンはカリッと焼きます

材料（2人分）
トマト…大1個(200g)
ベーコン…2枚(40g)
オリーブ油…大さじ1
乾燥ハーブ*…小さじ1/3
塩…少々
*ミックスハーブ、バジル、オレガノなど、お好みで

作り方（5分、1人分142kcal）
1. トマトは4枚の輪切りにする。ベーコンは半分に切る。
2. フライパンにオリーブ油とベーコンを入れ、中火でベーコンがカリッとするまで焼いてとり出す。
3. 2のフライパンにハーブを入れて中火にかける。香りが出たらトマトを並べ入れ、強めの中火で両面を20〜30秒ずつ焼く。ベーコンとともに器に盛って、塩をふり、フライパンに残った油をかける。

自家製トマトケチャップを作ろう

トマトがたくさん手に入ったら、トマトケチャップを作りませんか。
市販のケチャップよりも甘さがひかえめで、トマトの味が濃く、シナモンの香りがうまさを醸し出します。
あらごししたつぶつぶ感も、また、よいのです。

自家製トマトケチャップ

材料（できあがり200～250g分）

- トマト(完熟)…6～7個(1kg)
- たまねぎ…1/2個(100g)
- にんにく…1片(10g)
- A
  - ローリエ…1枚
  - シナモン…1本
- B
  - 赤とうがらし…1/2本
  - 砂糖…大さじ1
  - 酢…大さじ2
  - 塩…小さじ1
  - こしょう…少々

作り方（60分、全量で244kcal）

1. トマトはざく切りにする。
2. たまねぎとにんにくは薄切りにする。とうがらしは種を除く。
3. 鍋にトマト、たまねぎ、にんにくを入れ、中火で混ぜながら煮る。たまねぎがしんなりとしたらAを加える。沸騰したらアクをとって、時々混ぜながら35～40分煮る（写真a）。ローリエとシナモンをとり出す。
4. 木べらで1の字を書き、鍋底が一瞬見えるくらいまで、煮つめる（写真b）。Bを加え、さらに弱火で5分煮つめる。
5. 赤とうがらしをとり出し、こし器でこす（写真c）。保存びんに入れる。

保存

- 冷蔵で約3週間冷蔵保存可能
- 冷凍保存も可能

ミキサーを使えば

裏ごしがらくになる（つぶつぶ感は多少減る）。適当な大きさに切った野菜をミキサーに約2分かけて、こす。3、4のとおりに煮て、赤とうがらしを除く。

オムライスにのせていただきます

〈これでムダなし!〉
いろいろな野菜が使える
残り野菜一掃レシピ

使いかけの野菜が、冷蔵庫の奥でしなびていませんか？ 手軽に作れて、
どんな野菜でも応用がきく「残り野菜一掃レシピ」で、野菜をムダなく使いきりましょう。
レシピで使用している残り野菜はほんの一例。
冷蔵庫の中身と相談して、自由にアレンジしてください。

〈残り野菜の保存方法〉

残り野菜が冷蔵庫の中で迷子にならないように、まとめて
保存しておくための専用の容器を作りましょう！ この容器の中の野菜から、
使う習慣をつければ、残り野菜をすっきり使いきれます。

point 01
切った野菜は、ラップに包む。

point 02
たまねぎなどの皮はむかない。
（乾燥を防ぐ）

point 03
じゃがいもなど、ふだん常温で保存する野菜でも、切ったら野菜室で保存。

\ 容器に入りきらない大きな野菜は？ /

だいこんなどは、切り口をラップで包み、ポリ袋に入れて野菜室で保存

カットしたキャベツは、全体をラップで包み、切り口を下にして野菜室で保存

105

残り野菜で「スープ」

残り野菜を使うなら、汁ものに入れるのがてっとり早い！ みそ汁の具にするのもいいですが、こんな具だくさんの汁ものなら、野菜を多くを使えます。

豚汁

材料（2人分）
残り野菜…計200g
［だいこん…100g
　じゃがいも…1/2個（70g）
　にんじん…30g］
豚ばら肉（薄切り）…100g
ごま油…小さじ1

A　だし…400mℓ
　　酒…大さじ1
みそ…大さじ2
しょうゆ…少々
（好みで）七味とうがらし…少々

作り方（20分、1人分289kcal）

1　残り野菜は、5mm厚さのいちょう切りなどの食べやすい大きさに切る。豚肉は3～4cm長さに切る。
2　鍋にごま油を中火で温め、肉を炒める。色が変わったら、1の野菜を加えて1～2分炒める。Aを加え、煮立ったらアクをとり、ふたをして中火で約10分煮る。
3　野菜がやわらかくなったら、みそを溶き入れ、しょうゆで味をととのえる。椀によそい、好みで七味とうがらしをふる。

ほかの残りの野菜なら
●きのこ ●ごぼう ●さといも ●ねぎ

とりだんごのスープ煮

材料（2人分）
とりひき肉*…100g
残り野菜…計100g
［たまねぎ…1/4個（50g）
　えのきだけ…1/3袋（30g）
　にんじん…20g］
残りの葉もの野菜…100g（キャベツ）
しょうゆ・こしょう…各少々
*ひき肉は合びきでも、豚でもOK

A　酒…大さじ1
　　塩…小さじ1/4
　　かたくり粉…小さじ1
　　こしょう…少々
B　水…300mℓ
　　固形スープの素…1個
　　酒…小さじ1

作り方（15分、1人分122kcal）

1　残り野菜はみじん切りに、残りの葉もの野菜はざく切りなどの食べやすい大きさに切る。
2　ひき肉とAを合わせてよく混ぜ、みじん切りにした残り野菜を加えて混ぜる。8等分して丸める。
3　鍋にBを入れて強火にかける。煮立ったら、2と残りの葉もの野菜を入れ、ふたをして中火で7～8分煮る。しょうゆ、こしょうで味をととのえる。

ほかの残り野菜なら
●ほかのきのこ ●セロリ ●ごぼう
ほかの葉もの野菜なら
●はくさい ●レタス（さっと煮る）

残り野菜で「卵焼き」

野菜を炒めて、卵でとじれば、ひと品完成！ 朝ごはんにぴったりです。料理ビギナーや、時間がない人には、手軽に作れるスクランブルエッグがおすすめ。

スパニッシュオムレツ

材料（2人分）

卵…2個
A
　粉チーズ…大さじ1
　牛乳…大さじ1
　塩…小さじ1/8
　こしょう…少々
ウィンナーソーセージ…2本
残り野菜…計200g
　じゃがいも…1/2個（75g）
　たまねぎ…1/4個（50g）
　トマト…1/2個（75g）
バター…10g

作り方（15分、1人分223kcal）

1. 卵はほぐし、Aを混ぜる。
2. 残り野菜は、1〜2cm大の薄切りなどの食べやすい大きさに切る。ソーセージは5mm厚さの輪切りにする。
3. 小さいフライパンにバターを溶かし、トマト以外の残り野菜を軽く炒め、ふたをして弱火で約2分、蒸し焼きにして火を通す。ソーセージを加えて炒める。
4. トマトと1を入れ、大きく混ぜる。ふたをして、弱めの中火で2〜3分焼き、上部がかたまり始めたら、皿をかぶせ（写真a）、フライパンをひっくり返して、皿にとり出す。フライパンに戻し入れ（写真b）、裏側も1〜2分焼く。

> ほかの残り野菜なら
> ● ピーマン　● パプリカ
> ● ほうれんそう　● きのこ

野菜スクランブルエッグ

材料（2人分）

残り野菜…計100g
　じゃがいも…1/2個（75g）
　たまねぎ…25g
バター…10g
パセリのみじん切り（あれば）…少々
卵…2個
A
　粉チーズ…大さじ1
　牛乳…大さじ1
　塩…小さじ1/8
　こしょう…少々

作り方（10分、1人分165kcal）

1. 卵はほぐし、Aを混ぜる。
2. 残り野菜は、薄いいちょう切りやあらみじんなどの食べやすい大きさに切る。
3. フライパンにバターを溶かし、2を軽く炒め、ふたをして約2分、蒸し焼きにして火を通す。1を流し入れて大きく混ぜ、半熟状になったら、火を止める。
4. 器に盛り、パセリを散らす。

残り野菜で「ナムル」

定番のごまあえもいいですが、韓国料理のナムルはいかがでしょう。ごま油とにんにくが香る、気のきいた味です。同じ調味料で、野菜を変えて作れます。

いろいろナムル

材料（作りやすい分量）
残り野菜…100g
（写真はなす、えのきだけ、にんじん、だいこん。いずれかお好みで）
にんにく（みじん切り）…少々
ごま油…小さじ1/2
塩…少々
すりごま（白）…小さじ1

作り方（20分）
1. 残り野菜は3〜4cm長さのせん切りや薄切りなどの食べやすい大きさに切る。
2. フライパンにごま油とにんにくを弱火で温め、野菜を入れ、中火でしんなりするまで炒める。塩少々をふり、すりごまをまぶす。
3. 器に盛り、すりごま少々（材料外）をかける。

ほかの残り野菜なら
- ほうれんそう
- かぼちゃ ● オクラ
- もやし（豆もやしでも）
- ピーマン ● ズッキーニ

＊冷蔵で2〜3日保存可能

arrange

ビビンバ弁当

肉をさっと炒めれば、ビビンバ弁当にアレンジOK！

材料（2人分）
ナムル（数種類）…適量
（写真はえのきだけ、にんじん、なす）
牛もも肉（薄切り）…80g
A ┃ ねぎ（みじん切り）…10cm
　┃ にんにく（みじん切り）…小1片（5g）
　┃ 砂糖・しょうゆ・ごま油…各小さじ1
　┃ こしょう…少々
サラダ油…大さじ1/2

作り方（10分）
牛肉は細切りにし、Aをもみこむ。フライパンに油を温め、炒める。弁当箱にごはん（材料外）を詰め、肉とナムルをのせ、すりごま少々（材料外）をかける。

残り野菜で「漬けもの」

だいこんの下の部分やキャベツの芯など、生では食べにくい部分も、漬けものにすれば、おいしく食べられます。漬けものは日もちするからうれしい！

残り野菜のピクルス

材料（作りやすい分量）
残り野菜…計300g
　だいこん…100g
　にんじん…100g
　たまねぎ…1/2個（100g）

〈ピクルス液〉
水…100㎖　酢…50㎖　砂糖…大さじ1
塩…小さじ1　ローリエ…1枚
サラダ油…大さじ1/2
粒こしょう…小さじ1/3
赤とうがらし…1本

作り方（10分（漬ける時間は除く）、全量で127kcal）

1. 残り野菜は食べやすい大きさに切り、熱湯で1〜2分さっとゆでる。とうがらしは半分に切り、種を除く。
2. 鍋にピクルス液の材料を合わせ、ひと煮立ちさせる。
3. 容器に移し、野菜を漬ける（1時間後から食べられる）。

＊冷蔵で約1週間保存可能

漬け終えたピクルス液で、もうひと品！

ピクルス液でザワークラウト風サラダ

作り方　＊日もちしないので、すぐに食べる
キャベツ100gはせん切りにする。ピクルス液50㎖に砂糖・プレーンヨーグルト各大さじ2を混ぜる。せん切りにしたキャベツを10分以上漬ける。

ほかの残り野菜なら
● きゅうり
● れんこん
● カリフラワー
● かぶ　● 長いも

手作り浅漬けの素

この浅漬けの素があれば、野菜に混ぜるだけですぐに漬けものが作れます

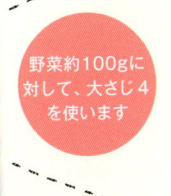

野菜約100gに対して、大さじ4を使います

\もんですぐに/

キャベツの浅漬け

作り方
キャベツ100g（ひと口大にちぎる）と浅漬けの素大さじ4をポリ袋に入れて軽くもみ、20〜30分おく。

\漬けてじっくり/

だいこんとにんじんの浅漬け

作り方
だいこんとにんじん（5㎜厚さのいちょう切り。合わせて100g）と、浅漬けの素大さじ4をポリ袋に入れて、2時間以上おく。

材料（作りやすい分量）
A　水…200㎖
　　塩…小さじ2
　　酒…大さじ2
　　みりん…大さじ1
塩こんぶ…ひとつまみ
ゆかり…小さじ1/2

作り方（10分）

1. Aを鍋に入れ、ひと煮立ちさせてさます。塩こんぶは短く切る。
2. Aに塩こんぶとゆかりを加え、あら熱をとる。
3. 容器に入れて、冷蔵保存する。

＊冷蔵で約1週間保存可能

ほかの残り野菜なら
● なす　● きゅうり
● かぶ　● ラディッシュ

野菜の切り方

野菜には、素材の性質や、調理法に適した切り方があります。
基本の切り方をマスターしましょう。

> **point**
> ● 火の通りや、味のしみこみが均一になるように、同じ大きさに切る
> ● 長さや太さは、料理によって変わる
> ● 繊維の向きに気をつける（「←→」で表示）

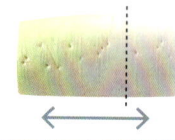

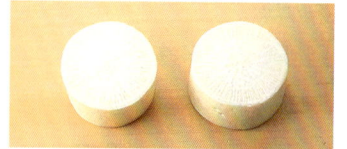

輪切り
切り口が丸いものを、そのまま輪に切る。繊維に対して、直角に端から刃を入れる

半月切り
輪切りの半分（半月の形）。輪切りでは大きすぎるときに

いちょう切り
半月切りの半分（いちょうの葉の形）

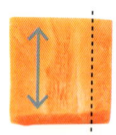

拍子木切り（ひょうしぎ）
四角柱に切ること。「火の用心」と声をかけるときに打ち鳴らす拍子木の形

たんざく切り
七夕飾りのたんざくの形のように切る。薄いので火が通りやすい

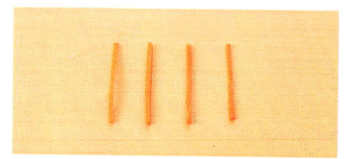

細切り
マッチ棒くらいの太さに、細長く切ること。だいこんの場合は「千六本」とも呼ぶ

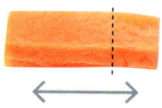

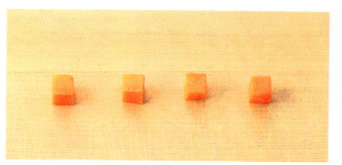

さいの目切り
1辺が1cmくらいのさいころ形。拍子木切りを横にして、1cm長さに切る

あらみじん
1辺が2～3mmくらいに細かくきざむ

みじん切り
あらみじんよりもさらに細かくきざむ

▶細長い野菜の繊維は、ほとんど縦方向

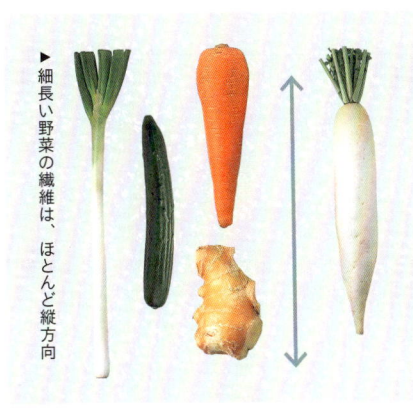

野菜には繊維の向きがある

野菜は、繊維に沿って切るか、繊維に直角に切る（繊維を断ち切る）かで、歯ごたえや風味などに違いが出る。

〈繊維に沿って切る〉
- 加熱しても形がくずれにくい
- シャキシャキとした歯ごたえに

〈繊維に直角に切る〉
- 繊維内の成分が出て、香りを強く感じる
- 食感がやわらかな仕上がりになる

くし形切り
球状の野菜を、芯を中心に放射状に切る

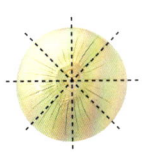

そぎ切り
厚みがあるものを、包丁を寝かせるように入れて、薄くそぐように切る

乱切り
野菜を回しながら斜めに切る。面が多くなり、火の通りや味のしみこみが早くなる

せん切り
1～2㎜幅に細く切る。細切りよりも細く、やわらかな食感

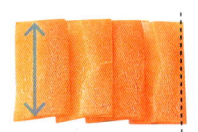

ぶつ切り
形にこだわらず、適当な大きさに切る

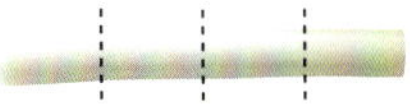

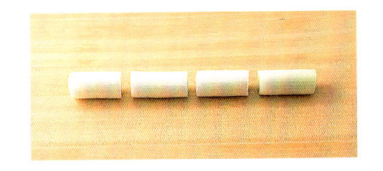

ざく切り
4～5㎝の大きさにざくざくと切る

小口切り
きゅうりやねぎなど、丸くて細長い野菜を端（＝小口）から一定の幅で薄く切る

ひと口大
3㎝くらいの大きさに切る

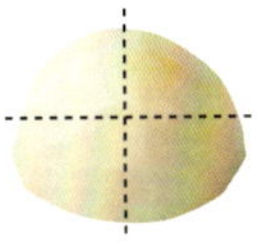

小房に分ける
ひとかたまりになっているきのこやブロッコリーを、食べやすい大きさに分ける

すぐに役立ち　一生使える
ベターホームのお料理教室

ベターホーム協会は1963年に創立。「心豊かな質の高い暮らし」を目指し、日本の家庭料理や暮らしの知恵を、生活者の視点から伝えています。活動の中心である「ベターホームのお料理教室」は、全国18か所で開催。毎日の食事作りに役立つ調理技術とともに、食品の栄養、健康に暮らすための知識、環境に配慮した知恵などをわかりやすく教えています。

見学はいつでも大歓迎

日程など、詳しくご案内いたしますので、全国の各事務局（下記）に気軽にお問い合わせください。

資料請求のご案内

お料理教室の開講は年2回、5月と11月です。パンフレットをお送りいたします。ホームページからも請求できます。

本部事務局　TEL 03-3407-0471
大阪事務局　TEL 06-6376-2601
名古屋事務局　TEL 052-973-1391
札幌事務局　TEL 011-222-3078
福岡事務局　TEL 092-714-2411
仙台教室　　TEL 022-224-2228

いつもの野菜8種で作る　毎日のおかず

料理研究／ベターホーム協会（小西幸枝・浜村ゆみ子）
撮影／大井一範
スタイリング／久保田朋子
アートディレクション＆デザイン／栗山昌幸、池田紀子（papas factory）

初版発行　2012年4月1日

編集　ベターホーム協会
発行　ベターホーム出版局

〒150-8363
東京都渋谷区渋谷1-15-12
〈編集・お料理教室の問い合わせ〉TEL 03-3407-0471
〈出版営業〉TEL 03-3407-4871
http://www.betterhome.jp

ISBN978-4-904544-23-5
落丁・乱丁はお取替えします。本書の無断転載を禁じます。
©The Better Home Association, 2012, Printed in Japan